# 「はたらく」の未来予想図

## 働く場所や働き方の過去・現在・未来

岡村製作所
オフィス研究所
WORK MILL fellow

鯨井康志

白揚社

# 「はたらく」の未来予想図

# はじめに

企業や官庁に勤めている人の多くは、オフィスと呼ばれる施設で一日の多くの時間を過ごしています。朝早くに家を出て、満員電車に揺られてオフィスに到着。自分の席に着いてから、その日に外出の用がなければ（そして残業がなければ）午後の6時くらいまで、ずっとそこで仕事をすることになります。言い古されたことですが、勤め人は一日24時間の3分の1、あるいはそれ以上の長い長い時間をオフィスで過ごしているのです。そしてほとんどの人は入社してから退職するまでの長い長い期間この毎日を繰り返しているのです。何の疑問を感じることなく。これが当たり前のことだと思いながら……。「今日は空調の効きが悪いなあ」とか「なんだか照明が暗いんじゃないか」とか、「会議室の予約がいつもとれない」だとか「書類の収納棚が足りないよ」とか、働く上での多少の不満があってもそれを声にすることなく、日々の生活は続いていくのです。もっとこうすれば仕事がはかどるようになるとか、ここが改善されれば気分よく働くことができるのになどとは考えることもなく、もしかすると考える暇さえなく、こうしたことが日常化してしまっているのが、日本の「はたらく」場の実態です。

私が会社に入って配属された部署は、オフィスで働く人たちが働きづらさを感じて本来なら改善すべき問題点を明らかにし、その解決策を研究・開発する部署でした。少し大げさな言い方をすれば、オフィスの生産性を高めるために、働く「場」はどうあるべきなのかを考える組織ということになります。そして入社してからずっと同じ職場に勤めていますので、かれこれ40年もの間、私は日本のオフィスを中心にオフィス空間や働くためのツール、そして働き方をずっと観てきたことになります。そんな人はあまり他にいないようなので、とても稀有な存在だと言えるかもしれません。そんな私が観てきた40年の間に、オフィスはずいぶんと様変わりしました。そしておそらくこれからも、どんどんと変貌をとげていくことが予想されています。

今世間では働き方改革に関心が集まっていますが、新たな改善策を立てたり、より良い働き方を考えたりするとき、「はたらく」ということを全体的に理解しておくことはとても大切なことです。働く場所や働き方、働いている人などに関係する一つひとつの要素を過去から見つめ直し、なぜこれはそうだったのか、いつからこうなったのかを知った上で、これからの「はたらく」を考えなければなりません。

本書は「はたらく」に関する12のテーマを〝「○○」から「××」へ〟という形式で、過去から現在そして未来の姿を語るという構成になっています。第1話から順番に読んでも、気になったタイトルの話からスタートしていただいても結構ですから、まずは手に取ってお読みください。そして読んだ後に「はたらく」ということについて改めて考えてみてください。これからの働き方ってどうなっていくのか、今働いているオフィスをどうしていけばいいのか……。そんなことを皆さんが考えるきっかけを本書がつくれればと考え、今回筆を執ることにいたしました。どうか気楽な気持ちでご一読ください。

「はたらく」の未来予想図　目次

# 第1話

# 「オフィス」から「ワークプレイス」へ

# オフィスってどんなもの？

40年近く前、新入社員の私がオフィスのことを研究する部署に着任した初日のことです（ちなみにいまだに同じ部署に勤めています）。教育・指導を担当してくれた先輩から課題を与えられたときの会話……

先輩「鯨井くん、オフィスってどんなものか考えてレポートしてみて」

私　「はい。わかりました！」

大学在学中はオフィスなんかについて考えたこともなかった私はいきなり途方にくれました。そこでまずは調べることに。今ならググるところでしょうが、もちろ

ん当時はそんな便利なものはありません。そこで、国語辞書を引いてみたところ、

**オフィス【office】**
①事務を行うための建物・部屋。事務所。
②官庁。役所。

と、ひどくあっさりとした説明しか載っていません。まだ左も右もわからなかった新人の私は、それをそのままノートに写して先輩に提出したところ……

先輩「(深いため息をつきながら) 鯨井くん、これからゆっくり勉強していってね」
私　「はい……わかりました (^^;)」

先輩のありがたい言葉に従って、以来私は「オフィス」について勉強し続けて齢

を重ねてきたのでした。さて皆さん、オフィスって何だったのでしょうか？

## オフィスの移り変わり

人が集まり事務作業を行う場所のことを私たちはオフィスと呼んできました。仕事に必要な資材（紙や文具、機材資材など）と蓄積してきた情報（文書、書籍など）がある場所に大勢の人（上司や部下、同僚など）が集まり、事業戦略を練り、年間の事業計画に沿って活動し、新たな価値を創り出すところ。物理的な成果物として文書や記録などをつくり出す場所。そこがオフィスと呼ばれるところです。

こうした人と情報を一ヶ所に集中させることによって事務作業を効率的に行うためにできた、オフィスと呼ばれるものが生まれたのは産業革命の後だと言われています。当時は工場の運営において科学的管理が成果をあげていたことから、その流れがオフィスにも導入され、働く人に対する徹底的な管理主義が横行。大勢のタイピストが広い空間にずらりと並べられ、上役から監視される中で働かされるスタイルは「ブルペンオフィス」と呼ばれています。写真が数多く残っていますので、そうした光景を見たことのある方がいらっしゃるかもしれません。働く人はまるで機械扱い。気軽に立ち歩いたり、おしゃべりが許される雰囲気はまったくありません。そんなきわめて自由度の少ない人間味が欠落した場所が近代オフィスの出発点で、こうしたことが20世紀の半ばまで続いていたようです。

そんなオフィスづくりにあるとき楔が打ち込まれます。ダイナミックな仕事の流れを考えて部署を配置し、周囲の人と自由闊達なコミュニケーションを行ったり、個人が自分の作業に集中できる環境を確保することなどがオフィスの生産性を高める、という新しいオフィスづくりの考え方「オフィスランドスケープ」が提案されたのです。これって今の私たちの働き方に近いですよね。そうです。このときに考案されたオフィスが現在のオフィスの原形なのです。このようなオフィスづくりが始まってすでに50年ほどが経過しています（むしろたったの50年しか経っていないというべきでしょうか）。当初のガチガチに管理されていたオフィスに比べれば、働く人たちの自由度は増し、オフィスの中で自由にふるまえるようになったのです。けれども、決まった時間に決まった場所に出社して働くことに変わりはなく、ある程度の制約の中で成立しているのが現在のオフィスだと言えそうです。

## ワークプレイスが登場し、オフィスはなくなる……

地震などの大規模災害が発生した直後のBCP対策として子育てや介護をしなければならない人を戦力化することや、個人の仕事をより効率的に行うため、さらには社外の人との接点を増やすために、今、働く場所は従来のオフィスから外に向けて広がりつつあります。こうした動きを技術的に支えているのがICTであることは言うまでもありません。オフィス以外の場所にいても、オフィスにいるときと同じように会社のサーバーにアクセスすることができ、携帯しているデバイスで仕事ができるようになっていれば、オフィスという固定の場所に集まる必要性はぐっと少なくなります。

また、メールやビデオレターなどを使えば、たとえ時間と場所を共有していなくても、仲間とコミュニケーションすることが可能になっていくのです。これまでのオフィスとは異なる働く場を（設けることをそういえばオルタナティブオフィシングと呼んだりしていましたっけ）オフィスと呼ぶことに抵抗があったので、それらを含めてすべての働く場所をワークプレイスと名づけたのです。ちなみに、『総解説ファシリティマネジメント』（ＦＭ推進連絡協議会編、日本経済新聞社）では、ワークプレイスを「情報通信技術を活用し、時間や場所を選ばず知的生産活動を行う、人が働く場の総体のこと」と定義しています。

分散していく働く場所をもう少し詳しく見てみましょう。これまで私たちが集まって仕事をしていたオフィス（下の図の左端）の対極に位置づけられるのが右端の「ホームオフィス」。ここで働くことを在宅勤務といいます。ひとりで進めることのできる仕事であれば、会社の仲間などから邪魔される心配がなく（ただし家族は別です）、マイペースで自分の仕事に専念できることが大きなメリットです。

右からふたつ目の「レンタルオフィス」は、街中にある時間

［ 分散する働く場所 ］

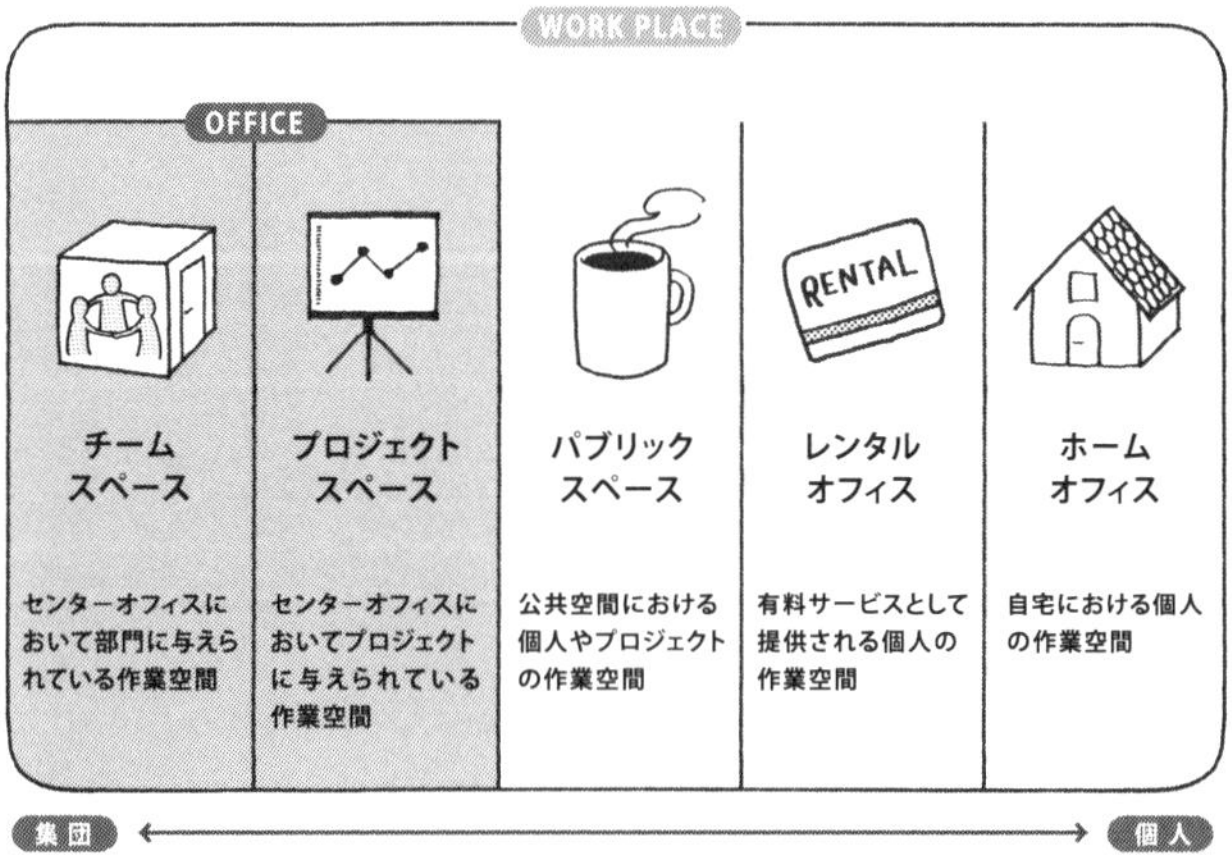

★

貸しのデスクスペースです。自宅にはなかなか置くことができない高精度の出力機器などを利用できることが「ホームオフィス」にはない利点と言えるでしょう。家族からの妨害行為からも逃れられますし……。「パブリックスペース」はカフェや図書館の閲覧席などを仕事に利用するもので、コワーキングスペースの共用部分などもこれに含まれます。情報セキュリティの面では多少のリスクが伴いますが、個人の作業も、プロジェクトメンバーなどとの協働作業にも利用することができます。

左のふたつは、これからのオフィスにおいて中心的な役割となるべきスペースです。「プロジェクトスペース」はその名のとおりプロジェクトチームに与えられる専用スペースのこと。「チームスペース」は、企業の中にもともとある部、課、係などのメンバーが利用するアジトのようなスペースのことで、ここで仲間とビジョンの再確認や仕事の進捗状況などといった情報共有をはかります。

図にも示したように、個人作業を行うスペースは右の方に向けて流れ出ていくので、オフィスの中にあるデスクスペースがオフィス全体に占める割合は減っていくと思われます。逆にコミュニケーションをとるためのスペースは、これまでより大きな比重を持つようになりそうです。革新的な価値を創り出すためには自分たちとは分野の異なる社外の知見を得ることが欠かせないという昨今よく言われる説が正しいのであれば、特に外部の人を招き入れ協働するスペースの必要性が高まっていくことでしょう。日本家屋の縁側のような内部と外部が交じり合う空間の充実がこれからのオフィスには求められていくと私は考えています。

## ワークプレイスすらなくなってしまうのか？

近い将来科学技術がさらに進み、ＰＣやＩＣチップを装着したり身体に埋め込むような時代になれば、今以上に、どこにいたって、いつだって働くことができるようになるはずです。頭の中で考えたことが身体にセットされている記憶媒体に即座に保存されたり、離れた場所にあるサーバーに保存されるのなら、自分がいる場所にかかわらず仕事をすることが可能です。仲間とのコミュニケーションだって、瞼を閉じて相手のことを思い浮かべるだけで、時間と場所を共有していなくても会って話をするのとまったく同じようにできる日が来るに違いありません。

どこにいても、どんな状況でも完璧に働くことができるのなら、働く場所について考える意味なん

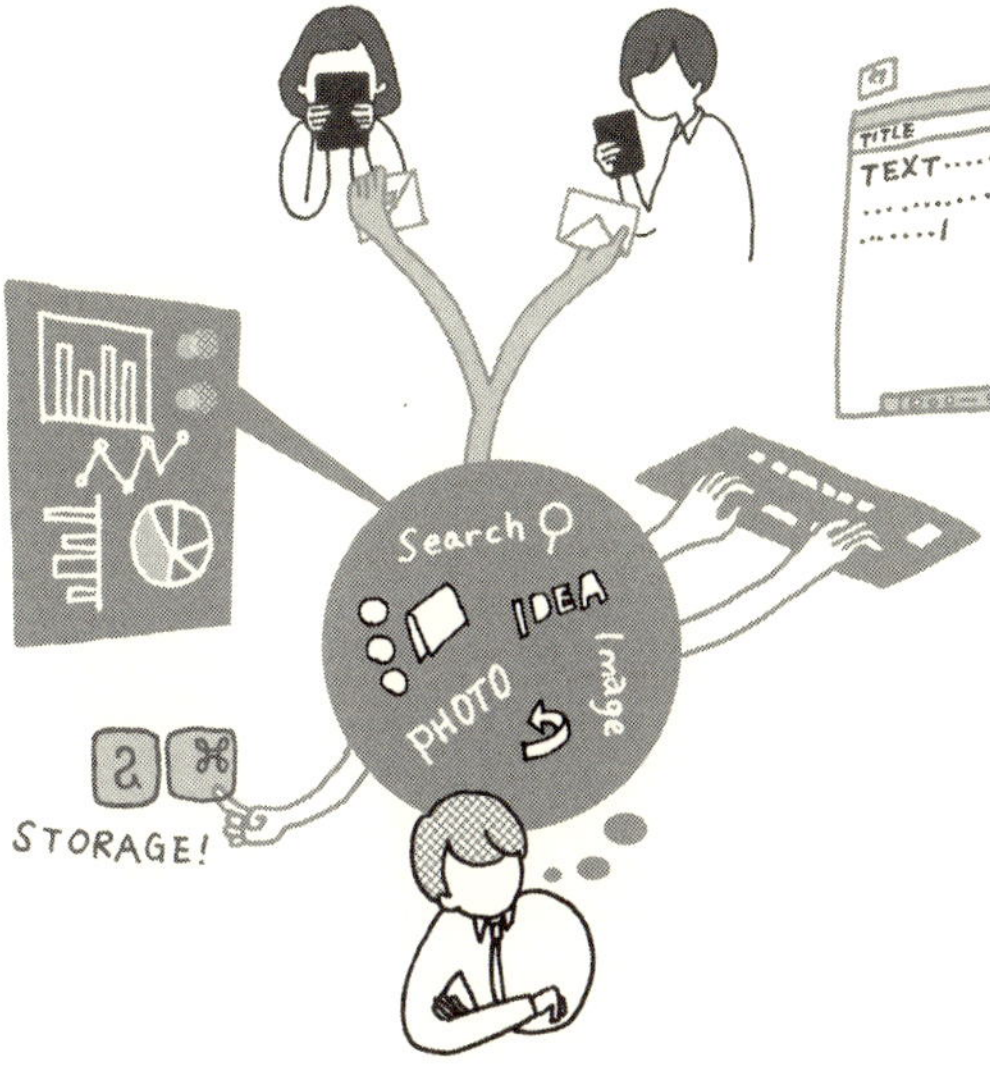

てなくなります。ワークプレイスという概念は消滅してしまうかもしれません。あえて言うのなら、その人が今いるところ、その人の心と頭そのものがワークプレイスなのかもしれません。昨今話題のシンギュラリティを過ぎ、人工知能が人類を支配することになれば、そのときこそオフィスはもちろんワークプレイスすら過去の遺物となることでしょう。

勢い余ってSFのような絵空事めいた話をしてしまいました。ここらで今回の話のまとめをしようと思います。「はたらく」ことを考えるときに最も大切なことは、人がそこで働いているということを認識することではないでしょうか。人工知能やロボットに制圧されない限り、働く場は存在し続け、そしてそれは人のためにあるのです。そこをオフィスと呼ぼうと、ワークプレイスと言おうと、そんなことは実はどうでもいいことなのかもしれません。

そうした働く場の過去からの移り変わりを見て気づかされることは、当初、時間も場所も厳しい制約を受け管理・監視されていた働き手たちが、時代を経るに従って徐々に、働く時間も、働く場所についてもその制約を解かれていったという事実です。働き方と働く場所の歴史は不要なストレスを軽減する方向に進化しているように見えなくもありません。少し大げさになるのを承知の上で言いますと、オフィスからワークプレイスに至る働く場の一連の流れは、時間と場所からワーカーを解放する歴史だったのです。そして、この流れは今後もさらに勢いを増して進んでいくと思われます。働く時間と場所が自由になるだけでなく、やっている仕事そのものも変わっていくかもしれません。所属している組織から指示されて行う従来の仕事だけでなく、自らが考案した仕事を行ってもよいという時代が到来する可能性だってあるのです。

高度な成果を求められる社会、多様で複雑な人間関係に絡め取られている現代人。私たちのストレスは増すばかりです。だからこそ、働く場である「オフィス」「ワークプレイス」は、人が思いどおりにいきいきと働くことのできる自由な場にしていきたいものだと私は思います。豊かで実り多きワークライフを過ごすことのできる場こそが、真に高い生産性を維持し、それを持続させうる。そうした想いを持って、これからも「はたらく」をとらえていきたいと考える今日この頃の私です。

追伸　今は亡き先輩へ
あれから長い間「オフィス」について勉強してきましたが、私はいまだにこんなレベルです。どうかこれで勘弁してください。

## 第2話

# 「効率」から「創造」へ

## 無駄のかたまり

数学者の森毅教授をご存知でしょうか。京都大学の名誉教授であり、ユニークで軽妙なコメントでマスメディアでも活躍していた方なのでピンと来る方も少なくないと思います。ある意味変わり者だった森教授は無類の読書家でもありました。そんな先生が提唱していたのが「快食快便読書術」。内容なんか読んだそばから忘れていいし、ちゃんと理解できなくてもいいので、とにかく数多くの本を読もう、という考え方です。食事と排泄のサイクルのように、たくさん読んでいる間にほんの少しでも身体に吸収できていればそれでOK。いつかひょんなところできっと何かの役に立つに違いない。安直でとてもありがたいこの教えに私はうかうかと乗って、以来気楽にたくさんの本を読むことができるようになったのでした。だけど、森先生を信じたばっかりに、ある意味人生のかなりの時間を浪費してきたような気もします。

こんな具合に私は時間もお金もずいぶんと無駄にしてきた人間でして、自他ともに認める、とんでもない低生産性人間なんです。長い前フリになってしまいましたが、今回は「生産性」について考える回にしてみたいと思います。

## 生産性ってなんだろう

日本のＧＤＰは世界の第３位。しかし国民ひとりあたりの生産性はとても低くＯＥＣＤ加盟34ヵ国中21位で、主要先進７ヵ国では20年間最下位だという体たらくぶり（公益財団法人日本生産性本部「日本の生産性の動向２０１５年版」による）。このことは、いろいろなところで取り上げられているので有名な話かもしれませんね。

国民の生産性は豊かな未来を築くためにもぜひとも高めていかなければなりません。また、企業の経営者にとっても、社員一人ひとりの生産性を高めることは、利益を高め、企業の永続性を保つために重要なテーマです。

生産性は、「生産性＝OUTPUT（産出量）÷INPUT（投入量）」という式で表すのが一般的で、分母は生産物をつくり出すのに要した投入費用、分子はつくり出された生産物の価値になります。ですから生産性を高めるのであれば、分母の数値を減らすか、分子の数値を上げる、またはその両方を行えばいいのです。具体的に言うと、分母の投入費用を減らすためには無駄をなくす、つまりは「効率性」を高めること。分子の価値を高めるには「創造性」を高めることが求められます。これらのことを行うことで生産性が高くなる、というのが基本的な考え方になります。

ですから、生産性について語るとき避けて通れないのが、効率性と創造性というふたつの指標ということになります。そこで、このふたつの言葉とオフィスの関係について見てみることにしましょう。

## 効率性の向上
## オフィスには場所と時間の無駄がある

第1話でも取り上げましたが、単純な事務作業を行う場として誕生したオフィスでは、しばらくの間、そこで行われる作業をいかに効率よく進めるかが重要な課題でした。科学的経営論の父と呼ばれる19世紀の経営学者、フレデリック・テイラーが提唱したオフィスの管理法では、無駄を排除するためにできうることを科学的に研究し、運用することの大切さが説かれました。以降の１００年ほどの間、我が国でもオフィス改善の最大のテーマは、効率性を高めること、言い換えれば、いかに無駄を減らすことができるかを考えることだったように思います。私が社会人になって、１９８０年からしばらくの間ですね。

オフィスの中で発生する無駄には、場所（賃料）の無駄と時間（人件費）の無駄のふたつがあります。

場所の無駄減らしの策として、かつては「背の低い収納キャビネットは天井までの空間が空いていてもったいないので、背の高い（天井に届くような）キャビネットが有効」というスペースセービング策がありました。近年では「人事異動があっても最初に組んだデスクレイアウトを崩さず、単に人だけが移動する。するとオフィスの変更工事が発生しないので、ランニングコストを抑えることができる」というユニバーサルプランと名づけられたオフィス運用などが盛んに取りざたされています。外出の多い営業職のオフィスに向けて、在席率に応じて人数分のデスクを用意しないフリーアドレスオフィスも場所の無駄を減らしてコストを抑える方策ですね。

一方で無駄な時間の削減策には、会議時間を短縮する方策や、ビデオ会議で遠隔地からの参加者の移動コストを減らすことがあげられます。近頃では、周囲から邪魔されない個人作業環境をつくって、そこで作業に集中させることで効率アップをはかるというのも効率性を高める、つまり生産性の式の分母の数値を減らすことにつながるものと考えられます。

## ２０００年頃から起こってきた創造性ブーム

過去から現在に至るまで、効率を上げるという課題を解決することは営々と繰り返されてきたわけですが、定型的な作業の多くをコンピュータに委ねる時代となった今、かつてに比べれば効率性について云々する機会は減ってきたように思えます。世の中にものが行き渡り、商品価値の寿命が短くなってきたことに気づかされた２０００年あたりから、効率性にとって代わり創造性が注目されるようになってきたのです。これは、これまでに市場になかった新しい製品やサービスの商品化が企業の発展、継続のために欠かせなくなったからなのでしょう。

元来日本人は仕事をコツコツと効率化することが得意な民族なのかもしれません。対して創造することはどちらかといえば苦手。これは新しいアイデアやコンセプトは、古来から中世にかけては中国から、近年では欧米諸国から輸入して、それを自分たちに合うように改良してきたという歴史的・民族的背景があったせいかもしれません。和魂漢才、和魂洋才なんていう四字熟語があるくらいで、新しい知恵は外から借りてくればいいという状況が長く続いてきたので、創造性を発揮する力が養われてこなかった、というと言いすぎになるでしょうか。

そんな中で知識創造経営について研究し、世の中に大きな影響力を示したのが一橋大学の野中郁次郎教授でした。新たな価値を創造するプロセス論や実践事例などをしたためた多くの著作がありますので、お読みになった方も多いと思います。特に知識創造理論の中核をなす「ＳＥＣＩモデル」は企業経営の中で実践され、数多くの成果を残してきています。経産省でもこのモデルに着目し、２００７年に一般社団法人ニューオフィス推進協会（当時は社団法人ニューオフィス推進協議会）と連携して、知識創造を活性化するためにオフィスの中で行うべき活動を「12の知識創造行動」として発表しています。この行動の中で特に必要性が訴えられたのはコミュニケーションをとる行動でした。従来のオフィスに存在した会議室や打ち合わせ空間だけでなく、もっとカジュアルで偶発的なコミュニケーションをとるための空間についても必要性が説かれたのです。クリエイティブなワークスタイルを促進しようとするこの動きは「クリエイティブ・オフィス推進運動」と称され、こうした中で誕生したオフィスには、さまざまなコミュニケーション空間が設けられるようになっていきました。

## 次は「なに性」が来る？
## 個人のパフォーマンス向上か!?

創造性の向上が大いに注目されて10年以上が経ち、マネジメントの世界でも、オフィスづくりの分野でも、知識創造の促進はすっかり定着してしまった感があります。もちろんこれはブームとして終わらせてよいものではなく、これからもしっかりと考え続けていかなければならない課題であることは言うまでもありません。前述の効率性の追求も創造性の向上も、生産性を高めていくためには欠かすことのできない重要な経営施策なのです。

しかしながら、効率性と創造性という生産性を向上させるための二大要素について考える土壌ができてきた今、私たちは次に何を求めていくべきなのでしょうか。とても難しい問題ですので軽々には申し上げられませんが、個人のパフォーマンスを高める施策を見直していくべきではないか、というのが私見です。一人ひとりの人間が自分の効率性を10%高めたり、新しいアイデアがひらめく頻度をほんの少しでも高めることができれば、オフィス全体の、企業そのものの生産性は確実に向上します。そのために今後企業のマネジメントに求められるのは、個人ごとの特性に応じた働き方ができるようにしていく施策であるように思うのです。人材に多様性が求められていく時代を迎えた今、感性や価値観、体格や行動特性が異なる働き手がオフィスの中で協働する機会が今後どんどん増えていくことでしょう。そうした中で、個人がいきいきと自分の力を十分に発揮することができるようにしていくことが、今後のオフィスには求められるのではないでしょうか。オフィス全体の効率性と創造性を高めつつ、次なる策として個人の効率性、個人の創造性を上げることで、オフィスの生産性がさらに向上するという作戦です。

## 効率と創造　お気に入りのエピソード

終わりに、東京造形大学の地主廣明教授から教えていただいた、効率性と創造性に関するお気に入りの話をさせてください。「小説家の先生が縁側でゴロゴロしながら原稿の草案を練っている。締め切りが迫っているのにいっこうに執筆を始めない夫に業を煮やした奥さんは『あなた、いいかげん仕事を始めたらいかがですか』と苦言を呈する。すると小説家は『おまえ、何を言っているんだ。俺は今まさに仕事をしているじゃないか』と返す。書斎にこもってカリカリと執筆すること（奥さんが思っている仕事）は、彼にとってもはや機械的に進める単純作業だということなのです。」

小説家にとってはゴロゴロ状態こそが最も大切な時間であり、そ

［ 創造性が発揮される場面は人それぞれ ］

のときに創造性が発揮されているのです。そしてカリカリの段階になればもうしめたもので、あとはいかに効率よく原稿用紙を埋めるかだけを考えれば良かったわけです。人によって、職種によって、効率性と創造性のいずれがより求められるかは変わりますし、それらを発揮すべき場面も異なるのだ、ということをこの話は物語っているように思えます。

私がこの本の1話分を作成する時間のおよそ8割はゴロゴロ状態。私の職場の皆さん、私がゴロゴロ状態でボーとしているように見えても、どうか不審に思わないでください。どう見てもさぼっているように見えるかもしれませんが、実は頭の中でいろいろな思索をめぐらせているのです（いつもではないにせよ……）。

最後になりますが、そもそも効率と創造は相対するものではありません。企業の活動の中には、効率性を求めるものもあれば、創造性を期待されるものもあるのです。効率性を高めたい業務は、そのやり方が確定している仕事。企業運営の基盤になっている業務や業績の中核を占める製品やサービス、つまりはその企業にとっての飯のタネそのものに関わる仕事などです。やるべきことは決まっているので、効率を高めさえすれば利益率が高まります。一方で創造性が求められるのは、これから先の新しいマーケットやビジネスを創り出す仕事。まだないものを創るのですから、やり方は決まっていない。ですからこちらの場合は効率性など求めようもありません。ひたすら新しい価値を見出し創出する仕事になります。効率性と創造性、どちらかが大切であるわけではなく、また両者の間には上下関係などないのです。生産性を高めるためには、どちらのことも等しくとらえて考えていかなければなりません。そうしてみると、今回の話のタイトル「『効率』から『創造』へ」、は明らかに順番をつけている、あるいは両者を同じ時間軸に乗せている印象があるので、誤解を生むタイトルでしたね。反省しております……。

# 第3話

# 「みんなにひとつ」から「ひとりにふたつ」へ

## 斜めになっている机ってありですか？

今回は机の話です。でもタイトルでひとつ、と数えているのは机の数ではありません。後ほど種明かしをしていきましょう。

ちょっと意外なところから話を始めたいと思います。皆さんは机という文字の成り立ちをご存知ですか？　まず、〝つくり〟の「几」を見てみます。これは、左右に並んだ2本の脚の上に平らなものが載っている状態を表す象形文字です。それを木材でつくったものが「机」です。ですから机の上部の板（これを天板といいます）は平らでなければなりません。机というのは床と水平になっている天板をもつ木製の作業台のことなのですね。

ところが明治の中頃、天板が傾斜している机を使っているオフィスがありました。

手前の縁が通常の机の高さで向こうに行くほど天板が高くなっていく机で、その傾斜は30度くらい。なぜ、そんな机を使っていたのかといいますと、その理由は、当時仕事に使っていた文書や台帳がすごく大きなサイズだったからなのです。新聞紙ほどもある大きな紙を水平に置くと、向こうの端の方は読みづらいし書きづらい。そこで天板に傾斜をつけて、その不便さを解消していたというわけです。ご存知ない方はピンとこないかもしれませんが、大きな図面を作図する製図板と同じ理屈ですね。

机の天板は人が何らかの手作業をするためにある作業面です。作業の内容や使う道具、そのときの作業姿勢に応じて、机は工夫・改善されてきた歴史があります。「机」という本来の字義をも顧みず、天板を斜めにすることまでしていたのですから、机というものはこれまでかなり姿形を変化させてきた家具だと言えそうです。

# 机とレイアウト――激動の歴史

そろそろ今回のタイトルのことに触れようと思います。ひとつ、ふたつと数えているのは実はＰＣ（コンピュータ）の台数です。近年の机の形に最も影響を及ぼしてきたのはＰＣ。今や仕事を進めていくのに欠かせない、オフィスワーカーにとって最も身近で大切なツールであることに異を唱える人はそうはいないでしょう。

ということで、影響力絶大のコンピュータという道具がオフィスに登場してから、机の形がどのように変わり、机のレイアウトがどのように移り変わってきたかを見ていただき、これからそれらがどうなっていくのかを考えていただこうというのが今回の目論見です。

## ─部署に1台─

コンピュータがオフィスに導入され始めたのは1980年前後くらいからのこと。会社の基幹業務を支援するために、ひとつの部署に1台の汎用コンピュータ端末が配備されるようになりました。当時は部署全員（実際にはオペレーションできない人やしたがらない人も少なからずいたので全員という表現は正しくないかもしれません）で1台のマシンを共有して使っていたのです。端末とプリンタを部屋の隅に配置するのが一般的で、そこのことを「OAコーナー」（注　OAはOffice Automationの略で今や死語に近い言葉です）などと称していました。

不特定多数の人が入れ代わり立ち代わり利用するので、オペレーション用の椅子（OAチェア）には利用者の体格に応じて座面の高さを簡単に調節できる機能が求められたりしたものです。

## —課・係に1台—

コンピュータの普及は目覚ましいスピードで進みます。80年代の半ば頃には、課や係に1台配備されていきます。これに対応して、対向島型で並べられた机の端に機器を載せる専用テーブルが連結されるようになりました。

ちなみに、端末やプリンタを載せる台はOAテーブルと呼ばれていました。なんでもかんでも「OA（Office Automation）」をつけていた時代だったのですね（笑）。当時厚みが5㎝ほどもあったキーボードを操作するときに両肩が上がりすぎないよう、端末用のテーブルには、キーボードを置く部分だけ天板を切り欠き、モニターを置く作業面よりも一段高さを低くするといった工夫が施されていました。

## —2人に1台—

80年代の後半にかけて、コンピュータは先進的な企業などでは2人に1台程度の割合で配備されていきます。そしてその利用頻度は格段に高まっていったのですが、

## コンピュータ導入に伴うレイアウトの変遷

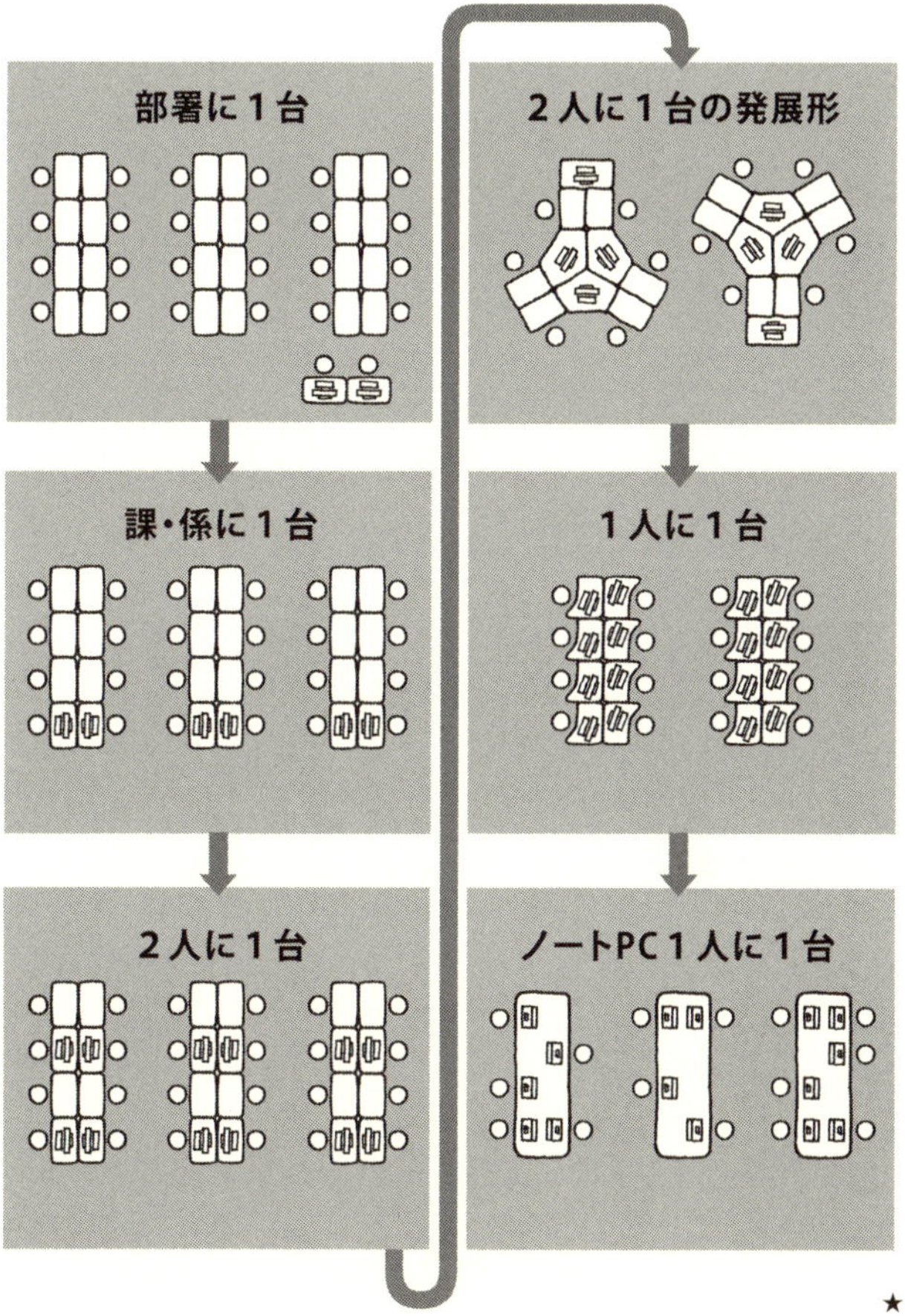


★

身近なものになった分そこに弊害も発生していたのです。当時大きな問題になっていたことのひとつは、端末からの放熱が周辺の人に与える影響。もうひとつはプリンタの騒音問題で、いずれの問題に対しても機器のまわりを仕切ることで、熱や音が周囲に広がらないよう対処することで解決していました。臭いものに蓋をする式ですね。特にプリンタは、全体をすっぽり格納する箱（これを称して〝消音ボックス〟）に入れて〝ジーコジーコ〟という音が聞こえないようにしていたものです。今の私たちはもう心配することはありませんね。

## ―２人に１台の発展形―

２人で１台を共有するときに、端末へのアクセスをしやすくするために図にあるようなテーブルが登場しました。真横に移動するよりも少しだけ角度がふられています（計算すればわかりますが１５０度です）ので、移動効率が高まるという発想です。その結果、これまでにはなかった新しいデスクレイアウトが誕生したのです。

ちなみにこのレイアウトは、面積効率がとても悪く、部屋の大きさにある程度のゆとりがなければ採用できないものでした。日本のオフィスは狭いので、本来ならばデスクまわりにはそのくらいのゆとりがあることが望ましい。ですから、このスタイルが継続し定着すれば良かったのですが、そうはなりませんでした。それは配備されるコンピュータの大きさが小さくなっていったからです。

## ―1人に1台―

90年代に入り、PCとインターネットの時代に突入。普及は一気に加速して、多くのオフィスで1人1台の運用が始まります。ですが、当時の機器はデスクトップPCで、ブラウン管の大きなモニターとキーボード、そしてマウスというセットが一般的。これらを1200㎜間口の机に設置すると、机の上はとたんに狭くなってしまい、書類を置いたり、書き物をするスペースが十分に確保できない事態が生じます。机上面を広げる必要がある。だからといって大きな机に買い替えると、今度は人数分の机が部屋に入らなくなってしまう。さて、どうしたか？

家具メーカーは天板の一部を手前に拡張させた斬新な机を開発し、その問題を解決したのです。机の天板は四角というそれまでの常識を簡単に打ち破って〝異型天板〟なるものが開発されたのです。

## ―ノートPC1人に1台―

90年代後半からはデスクトップPCからノートPCへの移行が進んでいきます。同時にオフィス内に無線LANの導入も進み、オフィスワーカーのモビリティは

急速に高まりました。オフィス内で場所に縛られる必然性が軽減したことを背景に、この頃から大きな天板を多人数で共有する働き方、いわゆるフリーアドレスのオフィスが誕生し、発展していったのです。

しかし、こうしてレイアウトの変遷を見てみると、「ノートPC1人に1台」のオフィスは「部署に1台」のオフィスにとてもよく似ていることに気づかされます。ぐるりと一周してふりだしに戻っているのが現在のオフィスなのかもしれません。さてさて、これから机は、レイアウトは、どんなふうに変わっていくのでしょう……。

## 机上面は残るのか

オフィスにコンピュータが入り始めた1980年頃からの机やそのレイアウトを見てきました。使う道具が机（特に天板）の形にいかに大きな影響を与えてきたのかを改めて実感していただけたのではないでしょうか。道具が変われば働き方が変わる、そして机が変わり、オフィスが変わる、という図式はこれからも続いていくことでしょう。今後ＰＣの形状が変われば、あるいはＰＣに代わるデバイスが仕事を進める上での主要なツールになったなら、そのとき机の形はさらに変わっていくことになります。現在当たり前のようにやっているキーボードとマウスによる入力作業が音声入力に変わったらどうなるか。今キーボードを置いているフラットな面はとたんにいらなくなるのです。

また、私の息子世代など若い人たちがスマホを目にも止まらぬ速さで親指入力するのを見ていると、スマホサイズのデバイスとモニターがあれば十分に（キーボードを打つ私よりずっと速く）仕事ができるように思えます。彼らに必要な家具は、モニタースタンドとカップホルダーの付いている椅子です。これまでオフィスを象徴する家具といえば机でしたが、そんな机は無用の長物に成り下がるのかもしれません。仕事をするための机は、その役目を終えてしまうのです。〝デスクワーク〟っていう言葉も使われなくなっていくに違いありません。

実際机の上で紙にペンで文字を書く行為って減っていますよね。昨日の夕方、近くで仕事をしていた若い奴に「今日、手書きの文字って書いた？」と訊いたら、彼は「そういえば今日は1文字も書いていません」と答えました。やっぱり机なんていらなくなってしまうのでしょうか……。

ですが、ちょっと待ってください。

私は今、この原稿の下書きをペンで紙に書いています。PCの画面に向かってキーボード入力すると、「どうも発想が縮こまる。入力に手間取ると、考えていたことが頭から欠落する。だからいきなりPCで原稿は書けない」などと勝手に思い込んでいます。そして「そういう人はまだまだ少なからずいらっしゃる」とも思っています。将来、机の不要論が現実のものになるときには、そういう人は声を大にして机の延命運動を繰り広げましょう。もしもまだ私が生きながらえていたのなら改めて呼び掛けますから、そのときは私のもとへ集結してください。

## 木へんの「机」よ、永遠なれ

机の形やレイアウトの話をしてきましたが、最後に天板の素材のことに少しだけ触れてみたいと思います。冒頭で「机」の字義の話をしました。先ほどは〝つくり〟の「几」に着目したのですが、今度は〝へん〟の「木」の方を見てみたいと思います。昔々は木材でつくるのが当たり前だったので机へんの「机」で良かったわけですが、今のオフィス机のほとんどはスチールと樹脂でできています。ですから木へんを使ってはいけない。木でできていないのに木へんの「机」とは何事か、ということになりゃしないでしょうか。

大量に安く製造するためには木製は適当でないので、今はこうしたことになっています。もちろんスチールと樹脂にはコスト以外にもたくさんのメリットがあることも事実です。でも、私はやっぱり木の机が好き。本物の木の机だと長く使い続けるほど良さが増します。木の香りは人を落ち着かせます。人類は数百万年もの長きにわたりジャングルで生活していたので、木の香りは精神を安定させる効果があるのだ、という話を聞いたことがあります。そして木製のデスクは傷がついてもそれが味になったりする。するとますます愛着を感じるようになり生涯使い続けたくなる。使っていて、仕事をしていて楽しくなる。机の不要論のような物騒なことを上に書きましたが、木へんの「机」、純木の机こそ残していかなければならない大切な家具文化、生活文化ではないでしょうか。この主張にも賛同してくれるあなた。ぜひ手を組みましょう。お待ちしてます！

# 第4話
# 「指定席」から「自由席」へ

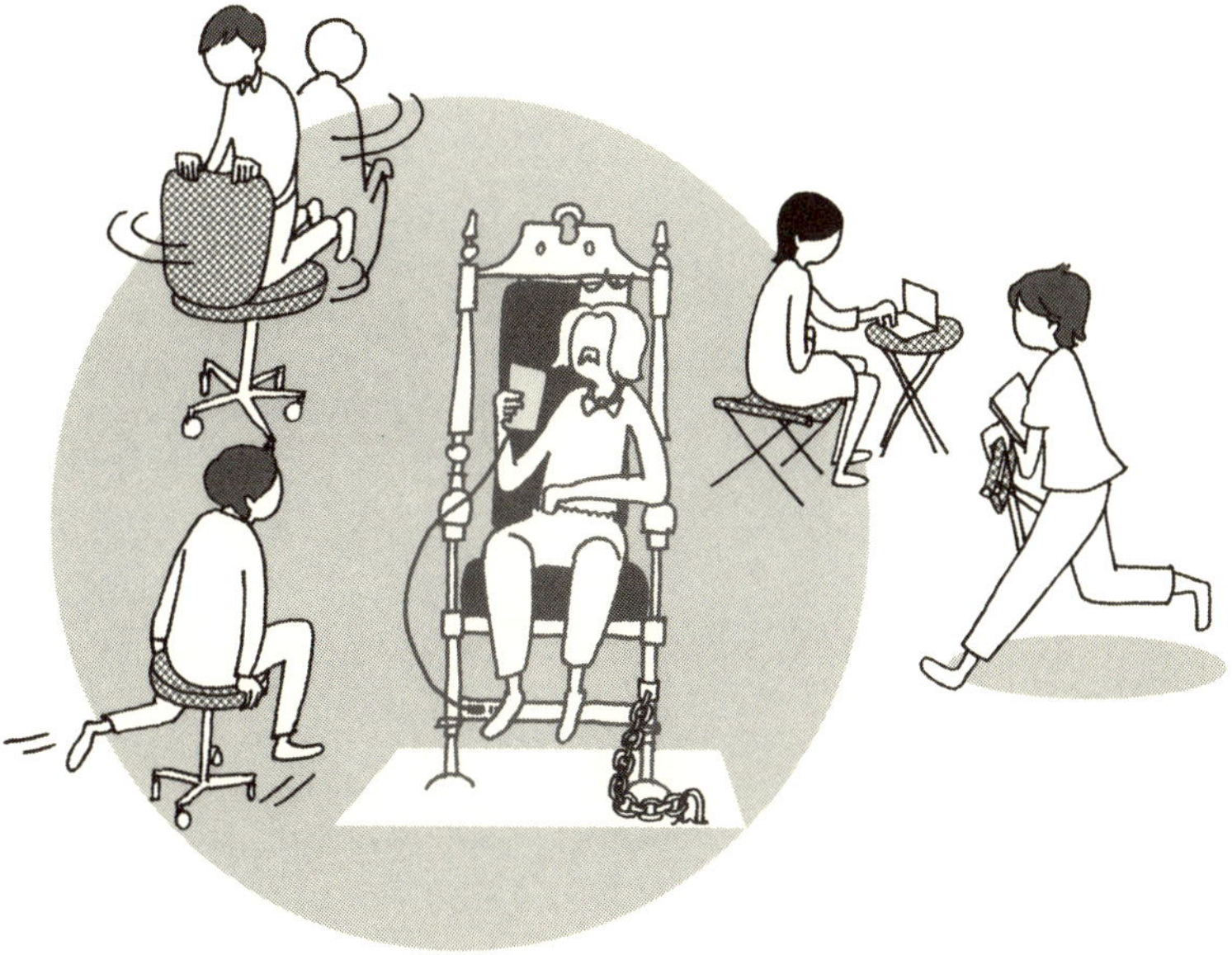

# 指定席vs自由席

あなたは受験勉強をどこでしていましたか。学校、自宅、それとも図書館だったでしょうか。私はもっぱら行きつけの喫茶店でやっていました。そこで勉強がはかどったとか成果が出たのかどうかはさておき、私が自由意志のもとで知的活動を行った場所の原点は、疑いようもなく、喫茶店のお気に入りの席だったのです。無論高校生や予備校生の分際で席を予約するようなことはできなかったので、そこは「自由席」でしたが、首尾よくその席に座りさえすれば、集中して勉強ができた（正しくはできたような気がしていた）のです。

生まれてこの方、私たちはどのように席を決められていたのでしょう。小学校から高校までの12年間は、ときどき席替えはあったものの、席は決められていていました。言わば「指定席」で授業を受けてきたわけです。これが大学に入ると一転して「自由席」になるのですが、就職するとまた「指定席」に逆戻り。初出社の朝、「君の席はココね」と座席を指定されるのがよくあるやりとりですよね。そうしてみると多くの勤め人の場合、一生のうちで大学時代の4年間だけが自由席で残りの60年近くは指定席で過ごしていることになります。列車の旅や観劇するときは指定席の方が格（?）が上ですが、はたして席というものは決まっている方がいいのでしょうか。今回はオフィスにおける自席の扱い方、固定席（指定席）とフリーアドレス席（自由席）をテーマにして、そのことについて皆さんと考えてみたいと思います。

## なぜオフィスでは指定席？

オフィスで席を固定して部署の単位で集まって働いているのはなぜでしょう。それにはふたつの理由があると私は思います。

## ―業務目標と責任の共有―

ひとつの部署には固有の業務目標があり、所属する人間はそれを達成するために日々働いています。この目標を常に確認し合うためには、みんなが近くにいるのが一番手っ取り早いやり方です。また、各人の業務遂行状況を互いに知ることもそばにいれば簡単にできます。仕事が遅れ気味な人がいれば、まわりの人がフォローする。そんなことも部署単位で机を並べて働いているからこそできることなのです。

## ―業務遂行に必要なモノの共有―

書類や書籍、電話や事務機器など仕事を進めていく上で使うモノはたくさんあります。これらは部署単位で共用するのが一般的です。こうしたモノが置いてあるところに集まって仕事をする方が効率的だし経済的であることは言うまでもありません。

そんなわけで私たちはオフィスの中で席を固定して働いてきました。ですが近年では、ある期間の業務目標を個人ごとに明確にして、その出来高で業績評価する人事評価制度を採用する企業が増えてきています。部署の評価の前にまず個人の評価がある。そうなれば「業務目標と責任の共有」を大事にする意識は薄まっていきます。

一方、ＩＴの進展の恩恵を受けて私たちは、物理的なモノに拘束されることが激減しました。離れた場所にいても仕事に必要な情報は利用できるようになってきましたから、「業務遂行に必要なモノの共有」という考え方もさほど重要ではなくなりつつあります。

このような状況ですから、部署単位で各自の席を固定化する必然性は昔に比べればかなりの部分で失われたと言っていいでしょう。それを予見したかのように、１９８０年代の後半、世界に先駆けて「指定席」を「自由席」に切り替えるオフィスが日本に出現したのです。

## オフィスから指定席がなくなった日

自席を廃して机をみんなでシェアして利用するという新しいオフィスの運用を初めて試みたのは、ある建設会社の研究部門でした。研究員たちは日中実験施設に出かけてしまうため、彼らの自席があるオフィスはがら空きになります。どう見てもこれはスペースの無駄遣い。限られたオフィスを有効利用することを思い立った彼らは、座席数を在籍者数以下に減らし、その机をみんなで共有して使うことにしたのです。当然それまで机が占めていた面積は削減されますので、それによって余った面積は他の目的で使うことができます。ここから「フリーアドレスオフィス」と呼ばれる形式が広がっていくことになります。

今でこそフリーアドレスという言葉は多くの人が知っていて、その運用方法も常識になっています。でもその当時、オフィスの自席をなくすという考えはコペルニクス的転回だったのではないでしょうか。どんなことでもそうですが、それを最初にやった人は本当に偉い。勇気あるチャレンジだったと私は思います。

以降フリーアドレスオフィスという運用方式は世界に渡ってバリエーションを増やしながら進展していき、採用する企業を増やしていくことになります。次の項ではそのバリエーションについて少し触れてみましょう。

## 自由席のいろいろ

自席を設けず働く場所を共有する運用方式をフリーアドレスオフィスと呼んでいますが、これには次の三つのタイプがあると考えられています。

―作業面共有型―

デスクの作業面、つまりは机をみんなで共有する方式で、大きなテーブルを複数の人間でシェアして利用するやり方です。このタイプが「フリーアドレスオフィス」の代表選手。フリーアドレスと聞いて私たちが真っ先に思い浮かべるのはこの方式で、外出することの多い営業職や医薬品メーカーのMR職などのオフィスで採用されることの多いやり方です。もともとは、設けられているすべての机（作業面）をオフィスに在籍するすべての人で共有する「フリーアドレス」でしたが、近年では部署ごとに同じ場所に集まってその中で机（作業面）を共有する「グループアドレス」も生まれています。

―作業席共有型―

これは充実した個人作業席（ワークステーション）を共有する方式で、会計士やコンサルタントのようにクライアント先に長期間常駐して働く職種が主な対象になります。プロジェクトの進行中彼らが自分のオフィスに戻ることはきわめて少ないのでオフィスは共用の個人作業席のみで構成しておき、プロジェクトが完了して次の仕事に向けての準備を行うことになった段階で、作業するための作業席をオフィスに連絡して確保します。ホテルの部屋を予約するのに似ていることから、この方式は「ホテリング」と呼ばれています。

**—機能空間共有型—**

ひとりでゆったりと構想を練る。こもって自分の仕事に没頭する。高機能な専用端末を利用する。オフィスの中でひとりで進める作業にはいろいろな種類がありま す。さらに2人以上の人間が集まって共働する場合にも多くの働くシーンが存在します。こうした作業それぞれに特化した機能空間を設けておき、作業に応じて各自が働く場所を選択して利用する。これが機能空間共有型の運用方式です。このやり方を最近では「ABW（Active Based Working）」と呼ぶことが多くなっています。

## 自由席の功罪

ここ数年私はこの「機能空間共有型」のタイプで働いています。もともとは全員が普通の固定席で働いていましたが、今は8割の人間が自席を持っておらず毎日思い思いに最適な働く場所を選んで働いています。残りの2割の人は固定席にせざるを得ない事情があるので自席を継続している、そんなオフィスです。この働き方に切り替えて数ヶ月経ったときにアンケート調査でフリーアドレス（自由席）であることの評価をしてみたところ、「仕事のしやすさが向上したか」という問いに対して「向上した」と答えた自由席の人の割合は、固定席の人を18ポイントも上回っていました。固定席の人にはできないけど、自由席の人はそれぞれの仕事をやりやすい場所で働けるのだからこの結果は当たり前かもしれません。でも、違う質問で「モチ

## 固定席vs自由席

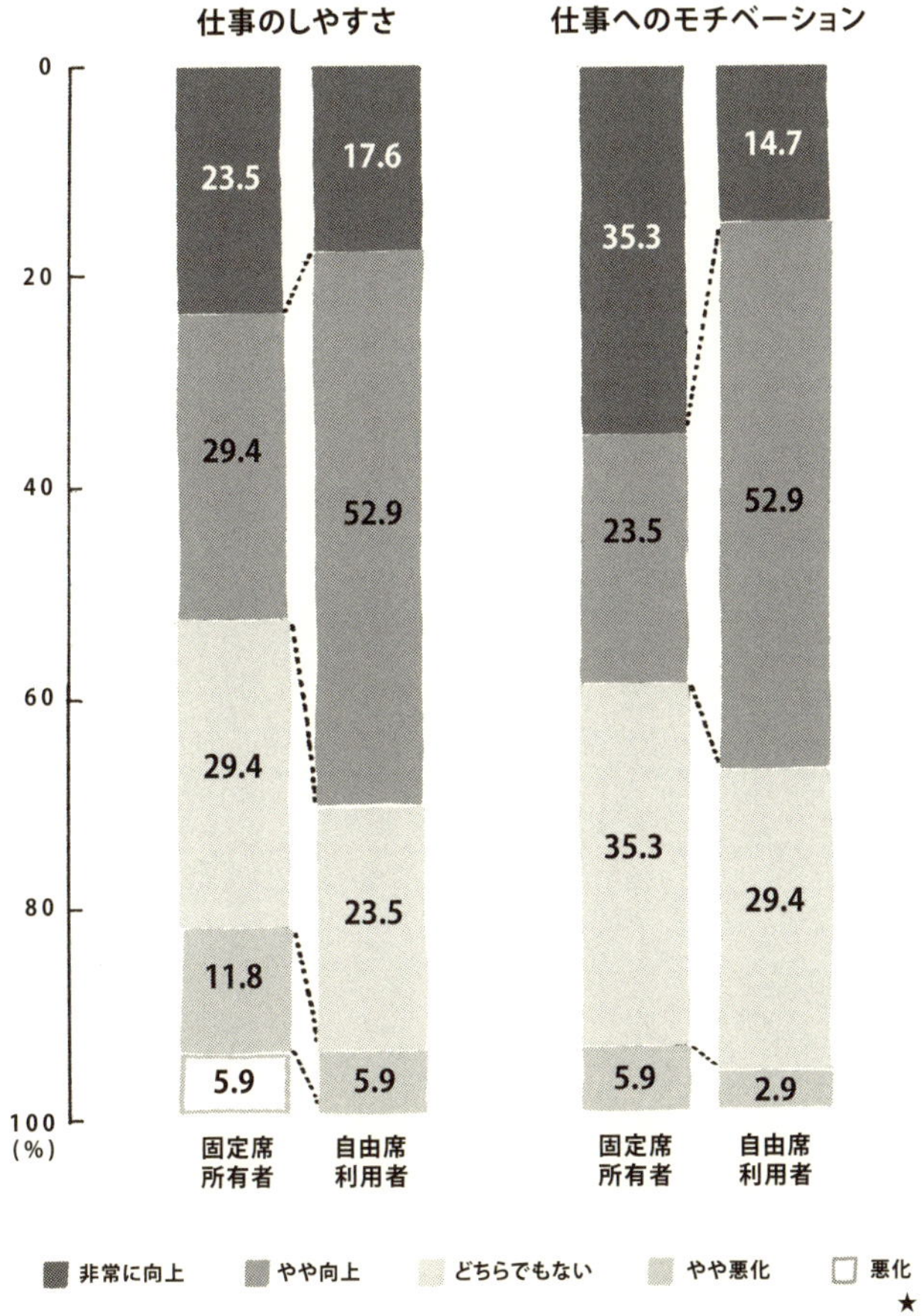
仕事のしやすさ
仕事へのモチベーション
0
20
40
60
80
100
(%)
23.5
29.4
29.4
11.8
5.9
17.6
52.9
23.5
5.9
35.3
23.5
35.3
5.9
14.7
52.9
29.4
2.9
固定席所有者
自由席利用者
固定席所有者
自由席利用者
非常に向上
やや向上
どちらでもない
やや悪化
悪化
★

ベーションが向上したか」という問いに対しても、自由に働いている人が場所を固定されて働いている人より9ポイントも高く「向上した」と回答したのです。自由席にはどうやらいろいろな効果があるようです。

フリーアドレスのタイプによって異なりますが、よく提唱される効果には、オフィススペースの削減、将来的なレイアウト変更コストの削減、作業の効率アップ、コミュニケーションの促進、モチベーションの向上などがあげられます。しかしながら、こうした甘いアメを期待して闇雲にフリーアドレスに切り替えることは危険きわまりないことです。「よそのオフィスでやっているからうちも導入したい」と安易に考えてしまうのが世の常ですが、ここは慎重にならなければなりません。なんといってもこれまで自分の席があってそれを専用できるのがオフィスの常識。何事においても、一度与えられた権利をはく奪されるとなると、そこに抵抗が生まれるのは必然です。これが原因で働く意欲が失われでもしたら何にもなりません。先にあげた効果のどれを狙ってフリーアドレスを導入するのか、それによって働き手が新たに手にするメリットは何かをしっかりと検討して、そのことを社内に十分に周知した上で導入に踏み切らなければなりません。そうした手続きをきちんと踏むことが、フリーアドレスが成功する秘訣だといっても良さそうです。長年に慣れ親しんだ働き方を一変するには、相応の労力と時間がかかるのです。

## どうする、どうなる自由席

そんなフリーアドレスというオフィスの運用方式はどの程度採用されているのでしょうか。最近の日経ニューオフィス賞受賞オフィスを見てみると、導入しているオフィスは、部分的な導入まで含めれば全体の20％ほどです。一般的なオフィスでは10％ほどだという報告もあります。採用率は増えているものの急速に伸びている状況ではない様子です。

しかし、働き手を自席に縛りつけて管理する必要性が薄くなり、逆に自由にすることによる効果に期待が集まっていることからすると、今後フリーアドレスの採用は確実に増え、ある閾値を超えたときに雪崩を打って急進するのではないでしょうか。

さらに、ワーカーが自由席として利用する場所は、オフィスの外にまで広がっていくとも予測されています。私たちは自社の他拠点はもちろんのこと、出張時のホテルでも、図書館や街中のシェアオフィス、そして喫茶店でも働くことが可能になりつつあります。働き手に与えられる自由席の数はどんどん増え、その種類はいっそう多様なものになっていくことでしょう。

もっと言えば、現在の日本の社会では社員の副業を認めていない企業が圧倒的に多く、働く人たちはある意味でオフィスに縛られています。これに対して、それぞれの人間は、各自が持っている知識や技術を有効活用する機会をもっと増やし、そうすることでさらなる社会貢献を果たすべきだとする声が高まってきています。複数の組織に所属して活躍する副業ＯＫの時代がそう遠くない将来到来するかもしれません。そのとき私たちは「自由席」ではなくて、「自由籍」で働くというようになるのです。

## これって帰巣本能なの？

途中で紹介したように私はこの6年間というもの「自由席」で働いています。列車に乗るときと同じように、希望する席に座るためには他の人より早くオフィスに着いて席を確保しなければならない、という自由席ならではのちょっとした努力が毎朝求められます。また、40年近くも勤めてきたのに会社から与えられている専用スペースが40㎝四方の収納ボックスのみという状況は少し寂しい気もします。ですがその代わりに私には「自由」が与えられている。今オフィスの中で自由に選べるスペースには、普通のデスク席、ひとりでこもれる作業席、眺めのいい窓際のソファ席、そして喫茶店風のテーブル席とさまざまなところがあります。自席はなくなったのではなくて、それらすべてが自分の席だと考えて私は日々働いています。

そして、学生時代から精神的に成長していないこんな私のお気に入りの席は、還暦を迎えた今でもやっぱり、喫茶店風の席なのでした。

# 第5話

# 「座りなさい」から「立ってなさい」へ

## 座らせたり立たせたり

「ばっかも〜ん」の後、カツオを正座させて波平のお説教が始まります。磯野家で毎週のように繰り広げられるシーンです。親が子供に反省を促すときは、畳に正座が定番でしたよね。椅子での生活が主流になったので、子供を座らせてしつけをするシーンはすっかり影をひそめてしまったように思われます。

いいつけを守らない悪たれ坊主に「立ってなさい！」と教育的指導をする先生は今はもうほとんどいないのかもしれません。廊下に出されて水の入ったバケツを持って立たされるなんていう光景も、今となっては眼にすることはほとんどないですね。

「座りなさい」も「立ってなさい」も相手を戒めるときに使う言いまわしです。が、そんな訓戒の話をここでするつもりはありません。今回はデスクワークをするときの作業姿勢について話してみることにします。

## 日本人が椅子に座ることを考えた日

黒船来航と時同じく嘉永6年（1853年）12月、日本との通商を求めるロシアの使節団が来航。そのときの様子を描いた『魯《ろ》西《し》亜《あ》使《し》節《せつ》應《おう》接《せつ》圖《ず》』を見ると面白い。ロシア側は持参した椅子に座っていて、対する日本側のお役人たちは畳を何枚も重ねた上に座って会議が行われているんです。交渉にあたった勘定奉行の懸念事項が開国するか否かの問題だったのは言うまでもないことですが、実は交渉の場での座り方（椅子にするか畳に座るか）も頭を悩ます問題だったのだそうです。座り方を通してお互いの文化を主張し合っているところに興味がそそられませんか。普段から慣れ親しんだ姿勢でないとじっくり考えられないし、ましてや重要な折衝なんて無理、ということだったのでしょうか。

その後開国して明治の代になると西洋文化がどっと流れ込んできて、日本人の生活文化や習慣は大きく変わります。事務所でも椅子に座って働くスタイルが当たり前になっていきます。椅子座の普及は、西洋文化への憧れみたいなものもあったのでしょうが、立ったり座ったりすることの多い事務所では、床にべったり座るより椅子に座って働くほうがずっと機能的だったからなのでしょう。

『魯西亜使節應接圖』(早稲田大学図書館所蔵)

## 座り仕事は人類を「退化」させるのか

　樹上の生活から、樹を降りて二足歩行し始めた我々の祖先。歩けるようになったことで環境に順応して生き残ることができました。進化の過程で何をもって「人」と呼ぶかは学者の間でも意見の分かれるところでしょうが、とにかく直立姿勢で速く遠くまで歩けるようになったことが人類の大きな特徴であることは間違いありません。

　このときをもって人の身体を支える背骨は、四足歩行時代のアーチ型からS字型へとかたちを変えました。人類の背骨は立ったときに最も負担がかからないように進化しているのです。一般的に立っているより座っている方が楽だと思われていますす。確かに立っていると足は疲れます。でも上半身は自然で楽な状態に保たれてい

# 座り仕事は人類を「退化」させる？

人類の背骨は進化とともに「アーチ型」から「S字型」に。
ところが、椅子に座っていると「アーチ型」になりがち。
このままでは再び「アーチ型」に退化してしまう？

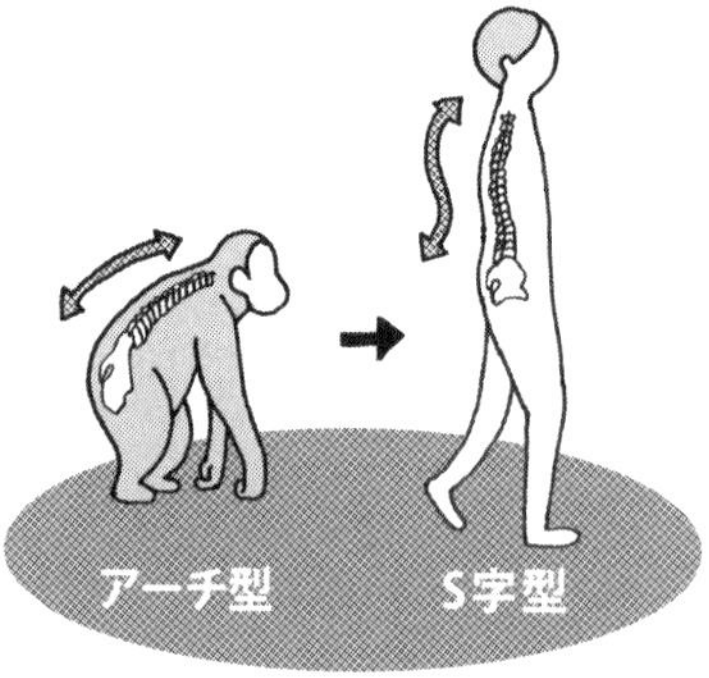

るんです。座っていると背骨はS字からアーチ型に変形することになり、負荷がかかってしまいます。ずっと座り続けていると腰にくるのはそのせいなのです。

勤め人で特に内勤の人などは勤務時間の大半を椅子に座って過ごしています。そのときの背骨はアーチ型になっていることが多い。ＰＣの操作や伝票処理をするときには、どうしても前かがみになってしまうので、背骨は必然的にアーチ型になってしまうのです。せっかくS字型の背骨を手に入れて直立二足歩行できるように進化したのに、このままずっとアーチ型背骨の状態で働き続けると、１００万年くらい先には四足歩行動物に退化？してしまうかもしれません。

## 立ち仕事は人類を「進化」させるのか

小学校の授業参観に行くと、落ち着きがなくていつもゴソゴソしている子供を見かけます。こうした落ち着きのなさは、集中することを覚えていくにつれてなくなっていくものです。でも大人の中にも落ち着きのない人はやっぱりいます。オフィスで働いているときに頻繁に姿勢を変える人っていますよね。足を組んだり、腕組みをしたり、上体が前後左右に動いたり……。いい大人なのに一定の時間じっとしていられないのはなぜでしょう。これは身体に溜まってきた疲労を他の部位に逃がしているからだと思われます。身体だけでなく、考えがまとまらず頭がくたびれたときに気分転換したくなるのも同じ理屈でしょう。

そうなんです。生身の人間は身体や頭が疲れるようにできているんです。同じ姿勢のままで根をつめて仕事をしていると、心身に負荷がかかって結果ろくなことにはなりません。特に悪い姿勢(アーチ型の背骨)を長時間続けていると腰への負担が大きくなり、腰痛を招く可能性が高くなります。

そこで最近よく言われるのが「ときどき立って働くことのススメ」です。

1時間座ったままで仕事をする場合と1時間のうちで10分ほど立って仕事する時

間を組み込んだ場合とを比較する実験をしてみたところ、立ち仕事を組み込んだ働き方には多くの効果があることがわかりました。身体の疲労感が軽減される、脚がむくみにくくなる、腰の痛みが減る、そして眠くなりにくくなる、など。少しの時間立って仕事をする働き方は、いいことずくめという印象です。人類が勝ちえたS字型の背骨の威力おそるべし！　私たちは先祖伝来のS字型をもっと大事にしなければいけないのです。

立ち話、立ち聞き、立ち読み、立ち飲み、立ち食い、立ち小便。立ち○○という言葉はずいぶんたくさんあることに気づかされます。これに対して座り○○は座りこみくらいしか思いつきません。ここにあげた「立ち○○」はいずれも比較的短い時間にちゃちゃっと済ます行為。本来人は、落ち着いて、しっかりと何かをするときにはそれを座ってやらなければならないのです。「立ち○○」は、本来の姿ではなく立って行うのでそれを言い表す熟語が必要になってつくられたのでしょう。ですからデスクワークをする場合でも、基本は座って仕事をしていて、ときどきは立って働く、というやり方が現時点では良いのです。

## 立つと座るの間で

立っている姿勢を学術的には立位と言います。座っている姿勢は座位。椅子に腰かけている姿勢は椅座位になります。そしてここからは、立位と椅座位の中間にある姿勢についての話になります。新しい考え方なので、まだ正式な名称は定まっていません。そこで私たちはこの姿勢のことを「半立位」PERCHING（止まり木の意）と呼んでいます。

図のように座面が少し前に傾いたスツールに、床に足をしっかりと着けた状態で座る。これが「半立位」です。東京大学医学部附属病院の松平浩特任教授は、健康的で美しい姿勢が保てるということでこの姿勢を推奨しています。先生があげる具体的な利点は次の三つです。一つ目は、腰の筋肉へ無駄な緊張がかからず、椎間板への負担が少ないこと。次に、両方の足の裏と骨盤の3点で身体を支えることによって、土台となる骨盤が安定すること。三つ目は、座面が前傾することで骨盤の角度が立位に近くなり、背骨のS字カーブが立位とほぼ同じ状態に保てるこ

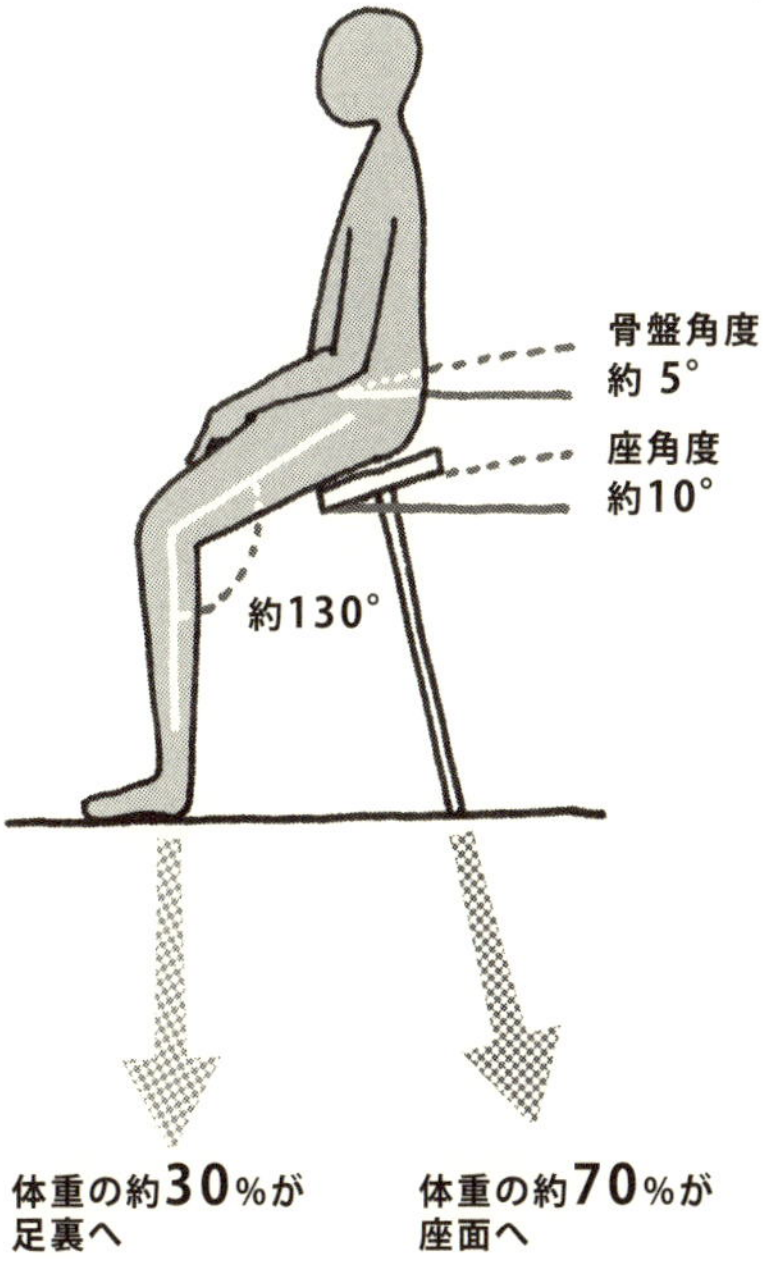

とです。

立った状態に近く、腰への負担が少ない。姿勢も安定する。これぞ立位と椅座位のいいとこ取りをした姿勢だと言えそうです。さらにこの姿勢で会議をすることを考えてみると、席を立ってホワイトボードに記入しに行くときなど、立ったり座ったりがとても楽であることも予想できますね。

これまであまり研究されてこなかった「半立位」。今後普及していく可能性は大いにありそうです。30年後にオフィスを覗いてみたら全員がこの姿勢で働いていた、なんてことも否定できない話です。

## 働く姿勢のさらなる「進化」

立ったり座ったりしながら仕事をするやり方が現状ではおすすめなのですが、これはあくまで「机×椅子→アーチ型背骨」の図式を前提にした話です。そもそもなぜS字型の背骨をキープできるように執務用の家具は開発されなかったのでしょう。それは働くときに使う道具が紙とペンだったから（いやいや机や椅子はエジプト文明の時点ですでに存在していたから正しくはパピルスと葦ペンか……）。当時は生理学的な知見は不足していたし、今でいう人間工学的な発想などなかったでしょうから、人間のS字型の背骨のことなどお構いなしに、執務用の机と椅子は考案されたに違いありません。それ以降数千年を経た現代に至るまで、私たちは机と椅子で仕事をしています。背骨がアーチ型になっても何の疑問も感じないまま、他の選択肢を与えられない中で。

でもこれからのことを考えると、仕事で使う道具が変わっていくのは明明白白。現時点でも10年20年前と比べて紙に文字を書き込むことのなんと減ったことか。将来はもっと変わっていくことでしょう。今はまだ存在しないようなデバイスをみんなが使うようになるのなら、そのときはS字型をキープする作業姿勢を考え出し、その姿勢を支持する家具が開発されなければなりません。

だけどどんなSF映画を観ても、あいも変わらず主人公たちは椅子に座っているんです。『スター・ウォーズ』でも『ブレードランナー』でも『マトリックス』でも……。宇宙船の操縦席は椅子席だし、司令室でも現在私たちが使っているのと変わらない椅子に座っている。『マイノリティ・リポート』でトム・クルーズが立った状態で画面を操作しているシーンがあったのが唯一の例外（あくまで私の記憶している範囲です）。どうもSF映画の制作者は、働くときの作業姿勢までは考えが及んでいないように思われます。遠い未来、人間の脳とデバイスがつなげられて、考えたことがそのまま記録できるようになるかもしれません。そうなれば、机で前かがみになって仕事をする必要はなくなるし、立つはおろか歩きながらだって仕事をすることができるようになる。この「ながら仕事」の時代になれば、家具のかたちは今とずいぶん違ったものになるはずです。

## 最後に弁解

今回は働くときの作業姿勢をテーマに、アーチ型とS字型の背骨の話を中心にしてきました。話の展開上、椅子に座ると背骨がアーチ型になりがちでよろしくないと、椅子と椅子に座ることをすっかり悪者扱いしてきましたが、現在の事務用椅子の多くは、背筋を伸ばして座ったとき背骨がきちんとS字型になるように設計されています。仕事をするときに極力前かがみ状態にならないようにして椅子の背に身体をあずけるようにすれば、アーチ型背骨にならずにすみます。皆さんぜひ今日からやってみてください。

# 第6話
# 「多・遠・長」から「少・近・短」へ

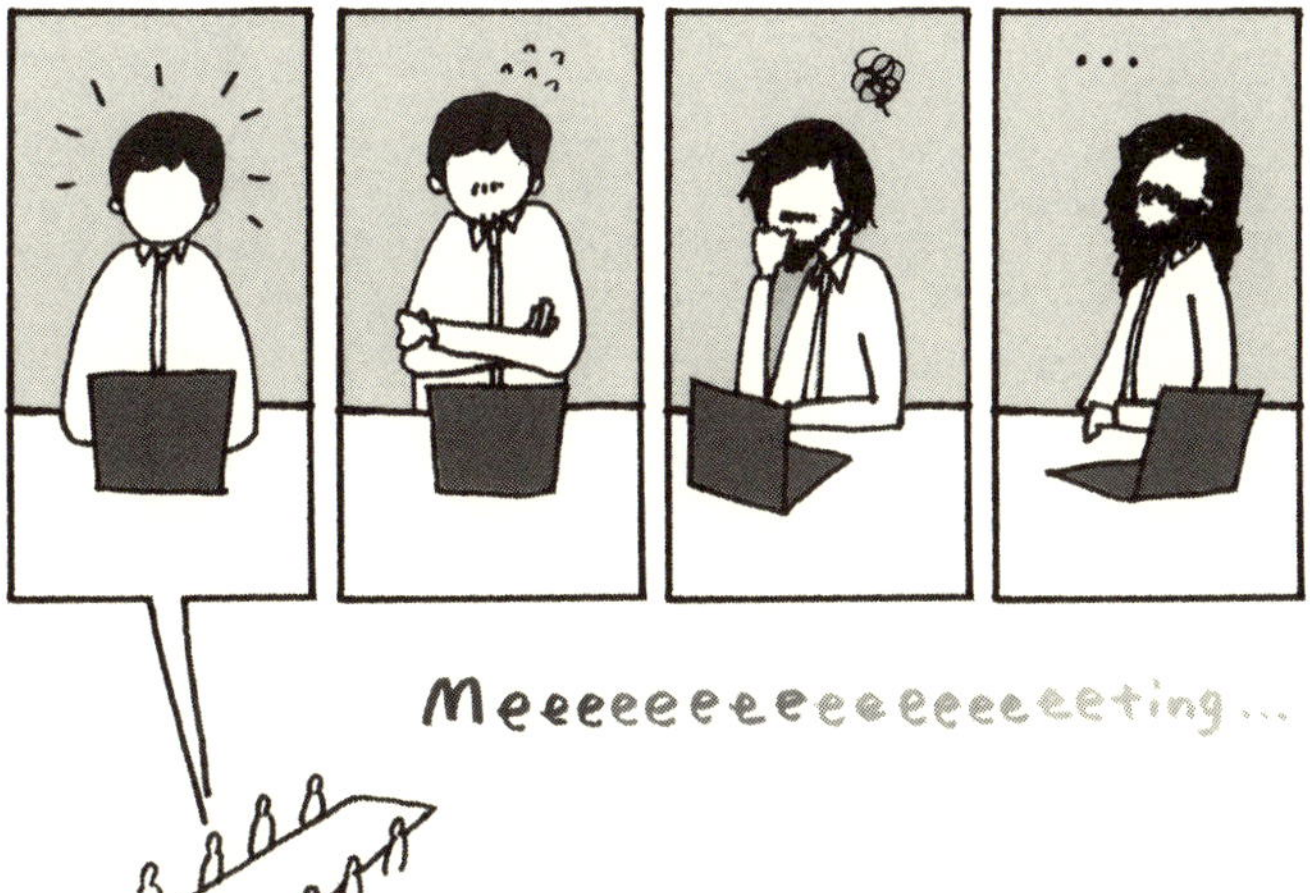

Meeeeeeeeeeeeeeeeting...

## 長い会議はみんなの嫌われ者

「無駄な会議が多いなぁ」と思ったことがありますか。勤め人ならおそらく誰しもが日々感じていることでしょう。そもそも日本人は集まってみんなで合意しないとことを先に進めることのできない民族。いったい私たちは一日に何時間くらい会議をしているのでしょうか。日本オフィスオートメーション協会（２０００年当時）によれば、会議や打ち合わせに費やしている時間は、勤務時間のなんと25％をも占めているのだそうですよ。

組織として働いている限り、まわりの人とのコミュニケーションは欠くことのできない行為。情報を共有して、意見を出し合い、次の一手を決めていく。とても大切なことですし、逆にこれをしないのなら、そもそも組織を組む意味さえありません。

仕事の最終的な成果物（例えば書類など）を仕上げるのはひとりの人間です。このときは個人の単独作業。ですが、そこに至るまでには何人かの人間が関わっているのが一般的だと言えるでしょう。みんなが検討した結果がひとつの仕事としてまとめられる。ですからコミュニケーションは働く場にはなくてはならないきわめて大切な活動ということになります。

今回はコミュニケーションを行うための空間のことを考えてみたいと思います。

## 会議・打ち合わせをしているのはどこ

オフィスにある代表的なコミュニケーション空間といえば、それは会議室と打ち合わせスペース。それらはオフィスの中にどのくらいあるのでしょうか。オカムラで実施している最新の調査では、会議室はオフィス全体の12・１％、打ち合わせスペースは2・3％を占めていました。これは広さにするとオフィスで働いている人ひとりに対して、会議室では1・9㎡、打ち合わせスペースでは0・4㎡が割り振られていることになります。執務するための空間（机や椅子が並んでいるところ）が、それぞれ41・8％、6・3㎡であることを考えると、コミュニケーションをとるための空間は、けっして小さくはありません。やはり時間を割いているだけのことはある、と言えるでしょう。さて、そんな会議室と打ち合わせスペースですが、ずっと同じような割合や面積を維持しているわけではありません。ここ10年くらいの間で徐々に変わってきているのです。それが今回の話のタイトル『『多・遠・長』から『少・近・短』へ』です。

変化の話に行く前に、会議室と打ち合わせスペースの配置について簡単におさらいをしておこうと思います。一般的にオフィスの真ん中には執務するための空間が置かれます。そして、それに隣接するように設けられるのが打ち合わせスペース。これは、打ち合わせというものが少人数で数十分ほどの比較的短い時間で行われることが多く、ひとつの同じ打ち合わせスペースを利用者が入れ代わり立ち代わり使うので、執務しているところのそばにあると都合がいいからです。

これに対して会議室は、もっと離れたところに置かれるのが普通です。利用者は数名から十数名、多い場合には数十名と打ち合わせに比べれば大規模なものになります。規模が大きくなればなるほど1回の会議に要する時間は長くなり、逆に開催頻度は小さくなっていく。20名を超えるような会議室は、ひとつの部署で占有するのではなく、全部署で共有するのが普通なのではないでしょうか。みんなで平等に利用することを考えると、必然的に執務スペースから離れたところに配置されることになっていきます。

## コミュニケーション空間の移動説

それでは、会議室と打ち合わせスペースの変化はどうでしょうか。結論から言うと、遠くにある会議室は減り、近くにある打ち合わせスペースは増えてきています。この傾向は今後も続くし、むしろ続いていかなければならないと私は考えています。その理由は次のようなことです。

大勢の人が参加する会議は、実は議論する場には向きません。参加者の性格にもよりますが、人は集団の規模が8名を超えるとなかなか発言できなくなっていくと言われています。これは誰もが経験したことがあると思います。欧米に比べて日本人は引っ込み思案な人が多いのでこうしたことが起きてしまうのかもしれません。

ですから大きな規模の会議は、議論や検討をする場にはなりにくく、報告会形式の会議になってしまうことが多くなるのです。へたをすると、すでに別の場で用意された結論を参加者で合意・確認するだけの儀式的・形式的な場になってしまいます。情報を全員で共有すること自体は大切なことですが、それだけならば、多くの人が集まりそれぞれの貴重な時間を費やさなくても、今の時代なら情報通信技術を駆使してもっと効率的にできるはずです。参加者の人件費を無駄にしてはならない。そんな考えが、会議室の面積を減少させている理由のひとつだと思われます。

一方で打ち合わせスペースが増加しているのはなぜでしょう。今、世の中は知識社会。独創的なアイデアをどんどん出して新たな価値を創り、ビジネスに展開していかなければ、企業は市場の中で置いていかれることになります。そうした中で求められるコミュニケーションは、少ない人数で機敏に議論するものでなければなりません。自席の近くにメンバーがさっと集まり、意見やアイデアを出し合う。そうしたコミュニケーションを素早くタイムリーに繰り返すことが、知識社会を乗り切っていくためには必要不可欠なのです。執務空間のそばに打ち合わせスペースが増

## コミュニケーション空間の規模別設置割合

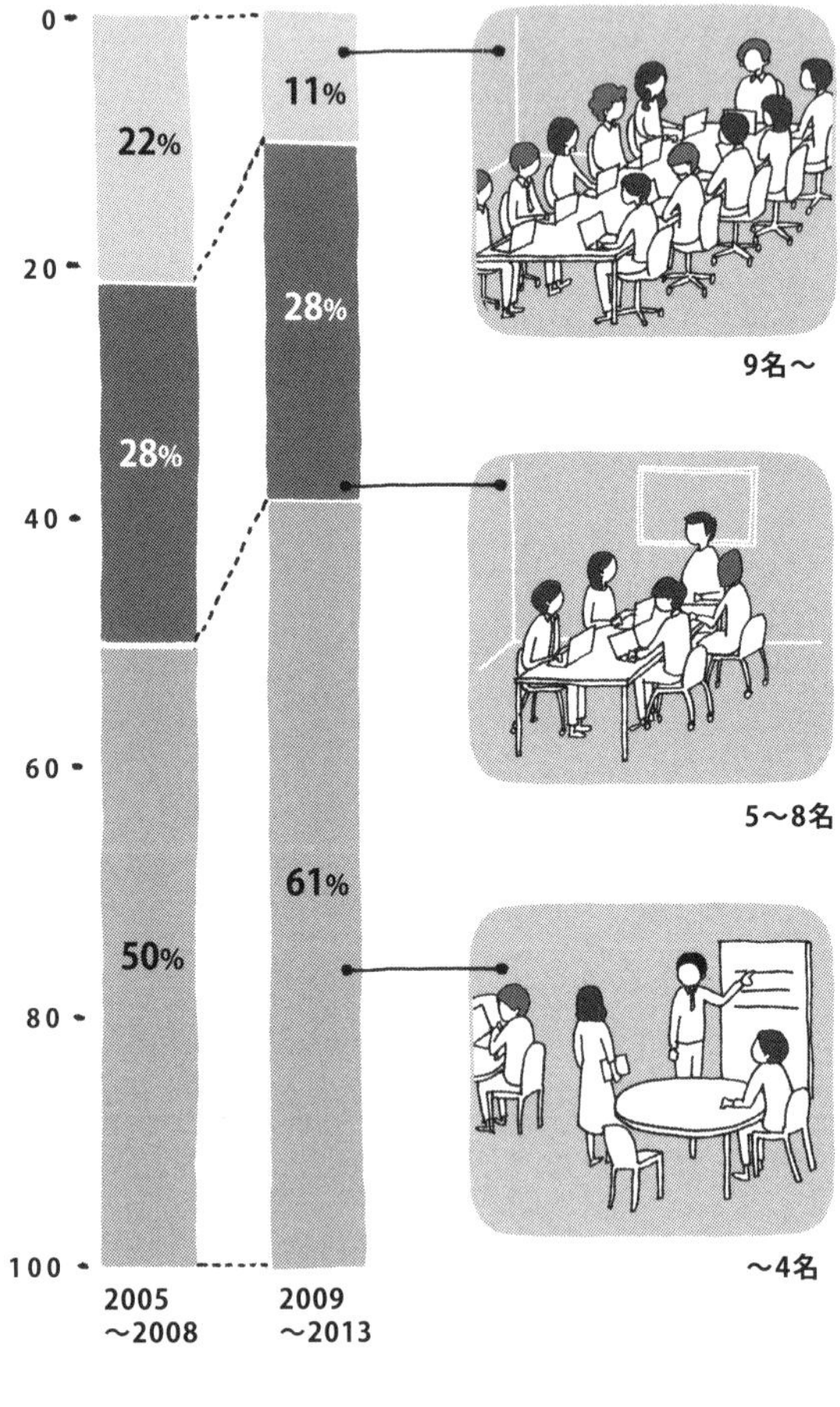


★

えているのには、そんな事情が関連しています。

オフィスでより必要とされるコミュニケーションは、参加人数的には「多く」から「少なく」へ。執務空間からの距離は「遠く」から「近く」へ、時間は「長く」から「短く」へ。つまり「多・遠・長」から「少・近・短」へ、ということになります。

## もっと豊かに

ここまで大きな規模の会議のことを悪者扱いしてきましたが、大勢で長時間やることを否定するつもりはまったくありません。問題にすべきなのは、会議の成果、あるいはコミュニケーションの質です。報告し合うだけの会議であっても、トップの一声でそれまでの議論が白紙になるようなことがあっても、それがその後の組織運営に有効ならばそれでいいんです。必要なコミュニケーションはどんどんやるべきなんです。会議が多いからといって嘆くことはありません。繰り返しますが、私たちが目指さなければならないのは、良いコミュニケーションをとることなんです。「少・近・短」の傾向が続く中、今後オフィスの中で行われる会議や打ち合わせはどうなるか、どうすればより質の良いコミュニケーションをとれるようになるのでしょう。そのあたりのことに触れて今月はお開きにしたいと思います。

会議室にしても打ち合わせスペースにしても、もっと環境にバリエーションを持たせ利用者の選択の幅を広げていく、という提案はいかがでしょう。第5話ではデスクワークをするときの姿勢の話をさせてもらいました。座りっぱなしじゃなくときどきは立って仕事をする働き方をおすすめするものでしたが、実は会議にもこの考え方を展開することが可能です。いわゆる「立ち会議」と呼ばれるもので、会議時間を短縮できるという効果だけでなく、立っていると参加者が互いの距離を調整しやすくなるのでコミュニケーションがとりやすくなったり、思いついたことをホワイトボードに書きに行きやすくなったりします。頭が活性化するなんて効果を唱える人もいるくらいで、議論の質を高める効能が期待されています。

また、ソファ形式の打ち合わせスペースなどはすでに採用されているオフィスが少なくありません。通常の椅子よりも視線が少し低くなることによって人はリラックスできるので本音が出やすくなります。ゆったりとして意見交換をしたい場合などに有効な形式だと言えそうです。もっと

姿勢を低くして、床に座って車座でコミュニケーションをとる場もいいように思えますし、さらに低くなって、寝っころがって会話するっていうのはどうでしょう。そこまで行くとさすがに行儀が悪すぎますか……。

こうした姿勢のことも含め、とりたいコミュニケーションに適した内装や設備、空間の広がりなどはどのようなものなのかを真剣に考えることがこれからのオフィスづくりには求められるのです。

前にも触れましたが、日本の労働生産性はとても低い。つまり時間を有効に使えていないのです。そんな時間の無駄遣いの代表選手が会議や打ち合わせのやり方なのかもしれません。なんせ日本人は一日の25%もそれに時間を使っているのですから。昨今話題の働き方改革。長時間勤務の抑制策として、まず会議時間の短縮を掲げる企業が多いようです。確かにここのところを改善すれば、我が国の生産性向上に多少なりとも貢献できるはずです。

## 会議時間の日米格差

暇な会議中、人目を盗んで内職をしている人って結構います。「そんなときに意外といいアイデア（会議の内容とは無縁のです）を思いつくことがあるから、暇な会議は実は有益なものなんだ」。なんてことを言う人もいますが、多くの人の貴重な時間を浪費する会議はやはりなくすべきです。

日米の会議時間を調べた調査（30年以上前の調査なので今は少し事情が変わっているかもしれませんが）によると、米国では30分以内の会議が全体の49％をも占めているのに対して、日本ではたったの４％。１時間の会議は、米国が37％で日本は33％。あちらでは86％（つまり大半）の会議が１時間以内で終わるのに、こちらは37％止まりということになります。「できるだけ多くの人が納得する結論に調整していくのが日本の会議。だから時間はかかるけど、けっして無駄なことをしているわけではない」。もちろんそう主張することもできますが、時間の使い方は米国に学ぶところが多いように思えます。

「安・近・短」。これは、費用が安く、距離が近く、日程が短いこと。旅行や行楽の傾向をいうもので、小旅行や日帰りで楽しむレジャーなどを指します。私たちの中にすっかり定着している上手なコピーですよね。今回はそれを真似てコミュニケーション空間の変遷について語ってみたのですが、いかがでしたでしょうか。会議や打ち合わせのあり方を考え直すきっかけになったのなら幸いです。

# 第7話
# 「ピラミッド」から「フラット」へ

## ＡＫＢ48はグループorチーム？

女性アイドルグループといえばキャンディーズ（古くてどうもすみません）。我が阪神タイガースはプロ野球のチーム。皆さんは、このグループとチームって言葉をきちんと使い分けていますか。一般的に、グループは共通の性質で分類した一団で、チームはある目的を達成するために行動する一団を指すようです。そういえば、ＡＫＢ48は女性アイドルグループと言われていますが、彼女たちは確かチームＡ、チームＫ……とチームで構成されているんですよね。どうでもいいかもしれませんが、彼女たちっていったいどちらなんでしょう。

アリストテレスが「人間は社会的動物」と言ったように、人はみな社会、つまり人の集まりをつくって、その中で生きていく種族です。幼稚園に入って仲良しグループをつくるところから始まり、小・中・高・大と進む。このときのクラスはグループで、部活は大概がチームとしての活動。大学の研究室はチームでしょうか。会社に入ったらチームの一員として迎えられることになります。こうして改めて考えてみると、私たちは大人になるにつれて目的を持った生産活動をするようになるので、グループ所属からチーム所属へと軸足を移していっているのかもしれません。

企業においては仕事を行う小さなチームが集まって事業が遂行されていくのが一般的です。そして個別のチームも企業全体もひっくるめてこれらの集まりを組織と言っています。この組織をいかに組むかによって業績が大きく左右されることは当然のことですが、実はこの組織の形態はオフィスレイアウトにも大きく影響しているんです。今回は、組織のかたちとオフィスレイアウトの関係について書いてみることにします。

## 組織ってなんだっけ

米国の経営学者チェスター・バーナードによれば、組織とは「共通の目的と互いに協力する意思を持ち、円滑なコミュニケーションをとり合うことのできる人の集まり」のこと。①組織目的、②貢献意欲、③情報共有、これらの三要素が揃ったとき初めて組織として成立するのだそうです。ひとりでは達成できない難しい仕事でも集団で取り組めば成し遂げられるだけでなく、そこにより高い付加価値を生み出すこともできる。だから私たちは組織をつくって事に当たっているのです。

バーナードの定義からすると、組織は目的の数だけいくつでも存在できることになります。大きな目的を持ったひとつの大きな組織がつくられ、その中に個別の小さな目的ごとに組織がつくられる。事業部があり、部があり、課・係があるというやつですね。

こうやってどんどん組織が細分化されていくと、それぞれの目的を達成するのに必要な知識や技術が個別の組織の中に蓄積され磨かれていく。組織に所属する人たちがより高度な専門性を発揮することで、高い付加価値を提供できるようになっていきます。こういう仕組みのことを官僚制と呼び、このときの組織の形状はピラミッド型になっています。

## ピラミッド型のオフィスレイアウト

ピラミッド構造をそのままデスクレイアウトに写し取ったのが島型対向式のレイアウトです。目標や指示が上から下へ落ちていき、報告は同じルートを逆にたどって上がっていく。組織内の情報経路に沿ってデスクが配置されているのでとても機能的ですし理にかなっています。他方で面積効率もとても高いため、狭い日本のオフィスに適しているので我が国のオフィスレイアウトといえば島型対向式です。以前に比べれば減った感もありますが、調べてみると今でもこのレイアウトを採用しているオフィスの割合は8割台をキープしています。組織のかたちをそのまま展開すればいいのですから、組織図さえあればデスクレイアウトは描けてしまうと言えなくもありません。ですから、オフィスを設計する立場にいる人間にとってピラミッド型の組織は、ある意味とてもありがたい存在なのかもしれません。

いつまでも不動の地位を占めているかに思われたピラミッド型の組織。消費者に向けて提供する製品・サービスがはっきりとしていた時代、世の中が経済成長し続け企業が量の経営を主軸とした戦略を立てていた時代には確かに最適な組織形態でした。けれども物が広く行き渡り、右肩上がりの成長を望めなくなってきた時点で様子は変わっていくことになります。

## フラットなオフィスレイアウト

ピラミッド型組織の欠点、それは大きな組織を構成している個々の組織それぞれが、前述した三つの要素を強化する方向に走るため自らを硬直化させてしまってイノベーションを起こすことができなくなることと、階層が深くなることで上下の情報伝達に時間がかかるようになることです。結果として巨大で高度に階層化されたピラミッド型組織は、市場の環境変化に追いついていけなくなってしまいます。バブル経済が崩壊した後、景気が上向きになるまで低迷期が長く続きました。長期化してしまった一因に、変化に順応できない企業の組織形態があげられるのかもしれません。

1990年代以降、企業が取り組んだ変革に組織のフラット化があげられます。ピラミッドの上の方、つまり中間管理者層を可能な限り薄くすることと、底辺を支える大多数の人たちの裁量を大きくすることによって、意思決定のスピードアップを図ることが大きな狙いでした。ピラミッドを上下にぐっと潰したかたちになるので、文鎮型組織とも呼ばれる組織形態です。

この形に呼応するレイアウトは、中間管理職の席を取り払った対向島型レイアウトでした。以前ならデスクの島の端には必ずと言っていいほど課長席（係長席）があったものですが、今やそれがあるオフィスは実は25％ほどしかありません。これに対してフラット化に対応して課長席をなくしたレイアウトにしているオフィスは60％にも及び主流になっているのです。ちなみに、管理者席を排してワークステーションの標準化を図るオフィスづくりはユニバーサルプランと呼ばれていて、すっかり市民権を得ているように思われます。

でも組織のフラット化も実際やってみるとうまくいかないことが……。フラット化を進め中間管理者層が抜け落ちると、それまで部下に対して行っていた教育・指

## 組織形状とレイアウト

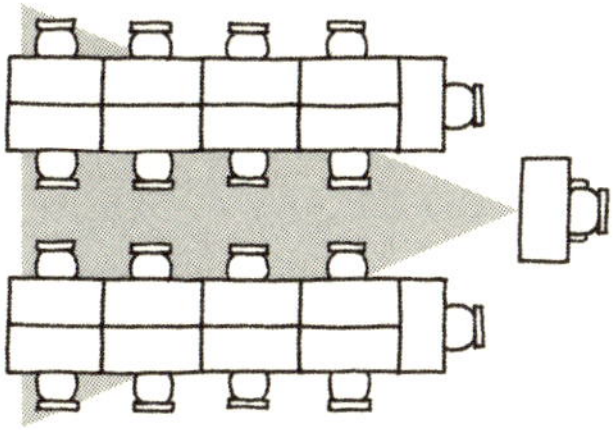

ピラミッド型組織

島型対向式レイアウト

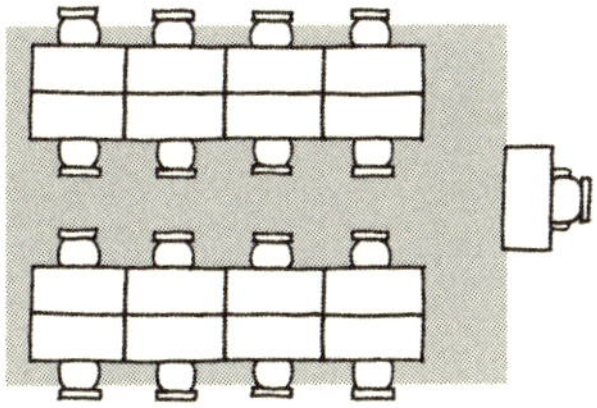

文鎮型組織

中間管理職の席を取り払った
島型対向式レイアウト

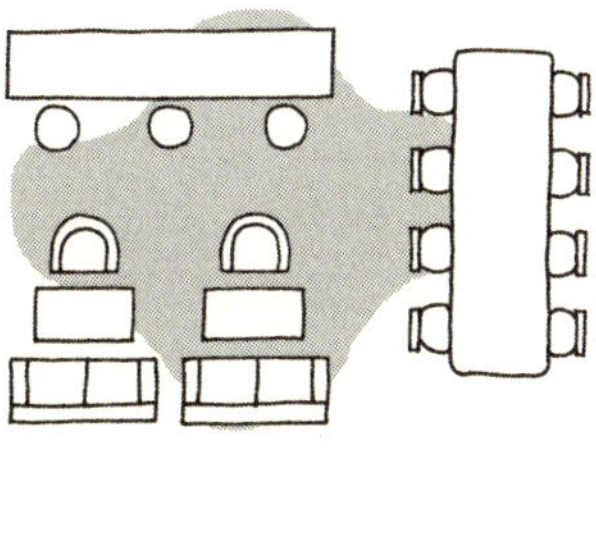

新しい価値の創出を求められる組織

トライブの活動や人員の増減に
柔軟な対応ができるレイアウト

★

導ができなくなり、次代を担う人材育成機能が弱体化してしまいます。また、ポストが減ることで若手の昇進意欲が失われてしまうので、仕事に対するモチベーション低下につながるなど、行きすぎたフラット化にも問題があったのでした。

## フラット化の先にあるもの

フラット化に傾きかけた針は再びピラミッド型へと揺り戻された感はあるものの、イノベーションが求められる今の世では、もとのガチガチのピラミッド型が復権することにはならないようです。特に新しい価値の創出が希求される組織においては、フラット化をさらに先へと進化させています。

構成メンバーそれぞれが異なる専門能力を持っている部門が複数あるのであれば、部門という組織の枠を超えて必要な人材が集結し、タスクフォースチームを組んで仕事をしていく。そんな組織形態・組織運営がここのところずいぶんと増えてきたように思われます。求心力を持つ人のまわりに人が集まってできた集団のことをトライブなどと称しますが、こうなってくると従来の上下の主従関係はまったくもって希薄になっていきます。ここでオフィスに必要になるのは、トライブ（プロジェクトチーム）が活動するための空間であって、これまでのようなずらりとデスクが並んだオフィスではないはずです。世の中の動きに追従して変わっていくトライブの活動や人員の増減に対して柔軟に対応できるワークプレイスが用意されなければなりません。そこでは働く環境を自由に自分たちでつくれるような仕組みが求められるようになるはずです。

## ひとりの人間、複数の組織

トライブ化の流れはひとつの企業内で閉じる話ではありません。これからはひとりの人間がいくつかの企業の特定の人とチームをつくってビジネスを展開するようになるはずです。

生まれるときはひとりだし、死ぬときもひとり。でもその間私たちは何らかの組織に所属して生きています。

またAというビジネス領域においては同じ組織に属するXさんが、Bというビジネス領域ではライバル関係にある別の組織にいるといったややこしいことが起きる可能性もあります。これって「昨日の敵は今日の友」の関係が現在進行形で出現するような面倒な事態です。そんな複雑な人間関係の中で組織の三つの要素を維持していくのに頭を悩ますようになるのかもしれません。

組織とは何なのか。組織の一員であることにどんな意味があるのか。そんな根源的なことを再び議論する日がやってくるのです。

第12話でも取り上げますが、自分の特技や他者より抜きんでている資質（例えば絵を描くのが上手い、楽器を演奏することができる、等々）や保有している資産（先祖伝来の骨董品、作り続けてきた手芸品、等々）を利活用して新しい仕事や商売を副業としてやっていく時代がきっと来ます。

その日その時にやっている仕事によって、所属する組織や付き合う相手は変わりますし、働く場所だって違ってきます。うまく自己管理しないと大変なことになりそうです。

そうなると、今よりもずっと小さな組織、あるいは自分ひとりだけで働くことが増えていくことになる。そうした活動を行う場として組織または個人が専用の空間を設けることは経営的に見てちょっと考えづらい。パブリックなスペースを多くの組織や個人で共用することになるはずです。今はまだ主に若い人たちが中心となって利用されているコワーキングスペースが、将来的にはすべての世代で利用する施設へと変貌をとげるのかもしれません。そうした場で自分の能力や物品を売ったり買ったりするようになるのです。

ちなみに複業といえば、名刺の数がよく話題に上ります。私はプライベートなものも含

めると4種類持っているんですが、世間の平均ってどれくらいなんでしょう。どなたかご存知でしたらぜひご一報ください。個人的には名刺が、つまり所属する組織が10を超えたら、きっと私の頭はパンクしてしまいます。間違いなく。

# 第8話

# 「灰色」から「薔薇色」へ

## 灰色のオフィス

ぎんねず、うめねず、なまりいろ、すねず、あいねず、りきゅうねず……。これらはすべて日本の伝統色。すべてが灰色に属する色です。「四十八茶百鼠」と言われるように、伝統色には白黒系の色がこの他にもたくさんあります。数多くの灰色があるのは江戸時代に出された奢侈禁止令の影響なんだそうです。倹約政策をすすめたい幕府は庶民に派手でカラフルな着物を着ることを禁じます。規制をかけられた江戸の人たちは、許されていた地味な色（灰、茶、青）を組み合わせて、それぞれが微妙に違う色合いの着物をつくってお洒落を楽しんだのです。実にあっぱれな反骨精神ですね。

江戸時代トレンディで持てはやされたであろう灰色ですが、現代ではどうでしょう。ファッションの世界では変わらず重要な地位を保っているものの、一般的にはかなりマイナスイメージを示す色になってしまっています。念のため辞書で確認してみると……、やはり暗いイメージです。

**はいいろ【灰色】**
①灰のような、白と黒との中間の色。ねずみ色。グレー。
②希望がなく暗い気持ちで活気のないこと。「灰色の日々を送る」
③《白とも黒ともはっきりしないところから》疑惑のあること。「容疑が灰色のまま釈放される」

『デジタル大辞林』（小学館）より

そんな悪いイメージの灰色ですが、この色を積極的に取り入れた空間があります。それってどこ？　そう、オフィス空間です。第二次世界大戦後、壊滅したオフィスビルは再建され、日本は高度経済成長を成し遂げます。このときオフィスに配備されていた家具は、スチール製のグレーに塗装された机、椅子、収納でした。いったいなぜ、イメージの悪いグレーにしたのでしょうか……。今回はオフィス家具の色彩について書いてみたいと思います。

## オフィスの色は軍艦の色

戦前のオフィスで使われていた机はハンドクラフトの木製家具でした。これが工業製品に変わるのは終戦後のこと。進駐軍からの要請で日本の家具メーカーが製作して納めたのがグレーのスチール製デスクでした。塗装されていた色は、当時「進駐軍グレー」と呼ばれた軍用色で、アメリカの海軍と空軍で使われていた塗装色。少し緑がかったグレーでした。GHQの影響力のためか、はたまたアメリカに対する憧れのせいかは、今となってはわかりませんが、このグレーの机と同じ色のスチール製の椅子が高度成長期の日本のオフィスに続々と導入されていくことになります。私が生まれた頃のことなのでもちろん見てはいませんし、当時のオフィスをカラーで撮った写真もあまり残っていないので想像の域は出ませんが、この頃のオフィスはきっとどこのオフィスに行っても同じような配色（というか色のない世界）で、きわめて画一的なものであったに違いありません。

あくまでも機能重視、モーレツ社員が働けさえすればそれで十分といったもので、インテリア的にはとても寂しい空間。それが日本のオフィスのスタンダードになってしまったのです。「働く場に華やかさなんていらない。遊び心のある空間なんてありえない」というのが当時の常識だったので、グレー一色のオフィスはその後長い間つくり続けられることになります。

## 家具の色は景気の良し悪し

この様子が少し変わり始めたのは1960年代の半ば頃のことです。青や黒、アイボリーなどグレー以外の塗装が施されたデスクが世に出始め、これと呼応するように鮮やかな色の張地の椅子の販売が開始されます。日本のオフィスに色が付き始めたのです。一度殻を破ってしまうと、オフィス家具には色があることが当たり前に思われるようになっていきます。このあたりは、日本人の暮らしが安定し、生活が豊かになったことと関係しているのかもしれません。

こうしてオフィス家具のカラー化は進み現在に至るのですが、使われてきた色のトーンは時期によって異なります。ファッションの世界に流行色があるように、オフィス家具の色にもはやりすたりがあるのです。その大きな流れを事務用椅子を中心にざっと書き出してみましょう。

　１９６０年代から１９８０年頃までに使われていた色は彩度の高いビビッドな色。青や赤の派手な椅子が販売されていましたし、青い塗装色の机がオフィス空間にかなりのインパクトを与えていました。こういった椅子や机を入れるだけで、そのオフィスはとてつもなくモダンなものになったことでしょう。

オイルショックが起こり戦後初めて景気の後退を経験した１９８０年あたりからバブル景気の１９９０年にかけて、使われる色は淡く優しい色のものが主流になっていきます。若い世代にパステル調のファッションが流行したのがこの頃なので、時流に乗ってオフィス家具の色も切り替わっていったと言えそうです。

　バブル景気が崩壊し、阪神・淡路大震災やオウム関連事件などが起こった１９９０年代。暗い世情に力を与えようとするかのごとくビビッドな色がはやり始めます。高彩度なビタミンカラーが持てはやされた時期のことです。この流れに沿うようにオフィス家具、特に椅子は再び鮮やかな張地のものが開発されるようになっていきます。

小泉内閣が発足したのが2001年。景気回復の兆しが見えてきた中で、ビビッドに向けて進んでいた波は再び淡い色使いの路線へと向かいます。2000年代の半ば以降、オフィスを知的創造の場としてとらえる動きが出始めますが、その中でカジュアルな雰囲気のコミュニケーション空間が盛んに提案されるようになり、家庭のリビングで用いられるような家具、配色がオフィスに取り入れられるようになっていきます。そうこうするうちに現在に至るわけですが、景気の動向とオフィス家具の色のトーンの間には少なからず関係があるようです。

## オフィスの色と会社の色

机や椅子といったオフィス家具の色について書いてきましたが、次はオフィス空間全体に話を広げることにします。

現在多くの企業はコーポレートカラーを設定しています。自社をイメージさせるカラーですから、社名のロゴに用いたり、カタログや提出書類など社外に向けて発信する媒体に用いられることが多いですよね。一方で、インナーブランディングという言葉があるように、社員に向けて自社の価値観やイメージを啓蒙することの重要性が最近よく言われるようにもなりました。コーポレートカラーは社員が日常的に利用する場にも用いる必要があるということになります。オフィスという場は、社内・社外両方の人間が利用するところですから、ここにコーポレートカラーを使えば、両者の目に触れることになるので一石二鳥。効果は抜群です。

でも実際にコーポレートカラーってどのくらいのオフィス空間に用いられているのでしょう。２００７年度に完成した１３５件のオフィスでコーポレートカラーを採用しているか否かを調べた調査結果を見てみます。

まず、会社の顔であるエントランスでコーポレートカラーを使っていたオフィスは全体の32・3%。インテリアのどの部分に取り入れていたかというと、家具が一番多くて44・1%、内装が36・1%とそれに続きます。内装の中では床に用いられるケースが多いようです。

次に執務室について見てみます。コーポレートカラー採用率は35・4%。社内向けの空間がエントランスよりもわずかですが上回っていることがとても興味深いですね。取り入れられていたのは、断トツで家具（特に椅子）が多くなっていて88・7%。内装の5・7%を大きく引き離す結果になっています。

最後にコミュニケーション空間の結果です。ここでの採用率は少なくて10・2%。エントランスや執務室に差をつけられた結果になっていました。ただ無味乾燥とした空間だったわけではなく、寒色や暖色を使って空間を区別しているところが多く、会社のイメージを表現することよりも機能を優先させた結果だと考えられます。

CIがブームになったのが1980年代の後半。それからずいぶんと年月が過ぎたので、各企業は当たり前のようにコーポレートカラーを持つようになりました。

名刺に会社が定めた色を使っていない人を探す方が今では難しくなっていますよね。でも上の調査結果によれば、オフィス空間に取り入れているのは全体の3割ほどのオフィスにすぎず、コーポレートカラーはまだまだ有効に使われているとは思えません。社外発信にせよ、インナーブランディングにせよ、色彩計画を見直すことによってオフィス空間の資産価値を高める余地は大いにあると言えそうです。

## ワーカーは色を求めている

働いている人たちはオフィスの色彩についてどう考えているのでしょう。そんな疑問を解くために行われた調査がありますので、その内容を少し紹介してみます。この調査はオフィスで働いている人を対象に1986年と2010年の2回行ったもので、同じ質問をしていますので、色彩に対する考え方の変化を知ることができます。オフィスへ色彩を取り入れることについて訊いてみたところ、「もっと色彩を取り入れた方がよい」と回答した人が44・1%もいることがわかりました。86年のときには21・3%でしたから、色彩を求めている人は四半世紀の間に倍増したことになります。逆に「白やグレー、アイボリー程度でよい」とした無彩色派はかつては2割ほどもいましたが、今では100人に1人とほぼ絶滅。オフィスのカラー化に対する認識、要望はこんなに変わってきたのです。オフィス空間はきちんとインテリアデザインされなければならないのです。

次にオフィス空間のどこに色彩を取り入れたいかを訊いた結果です。

1986年では、1位がエントランス、2位執務室、3位食堂、4位廊下、5位が会議室という順番でした。これが2010年では、1位リフレッシュスペース、2位執務室、3位ミーティングスペース、4位にエントランスで5位が会議室となっています。86年のときにはまだリフレッシュスペースは一般的ではなく、食堂がある意味それに当たる空間といってもよさそうです。つまりは以前は3位だった空

## オフィス・インテリアへの色彩の取り入れについて

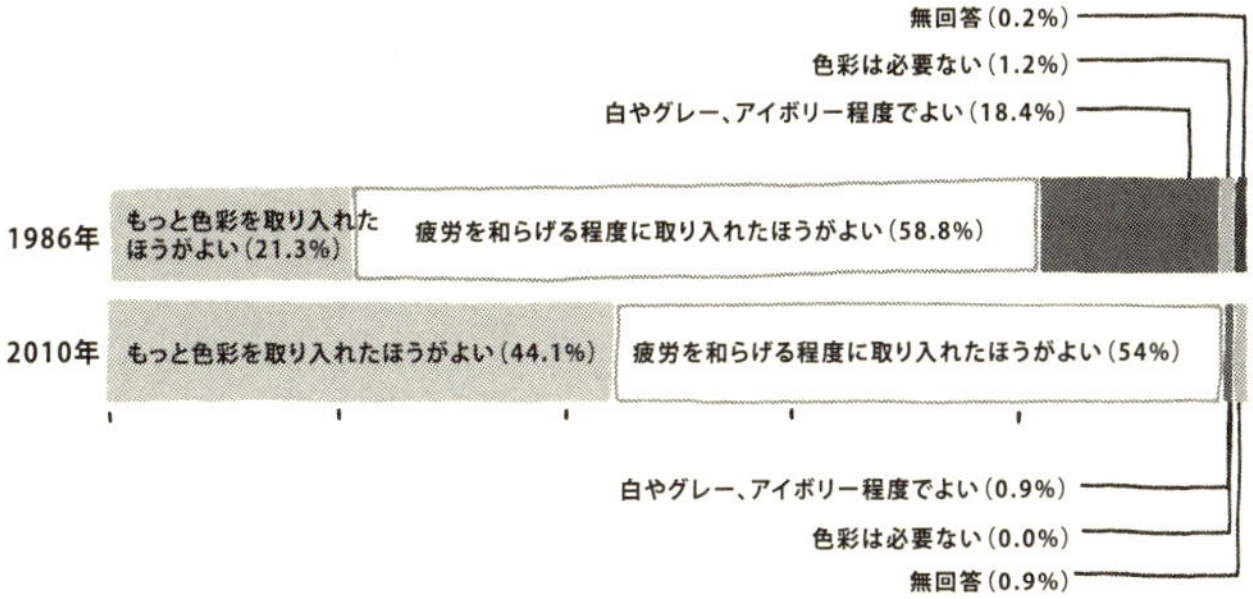

★

間が一躍トップに躍り出たことになります。反対に86年1位だったエントランスは2010年ではランク外に脱落。すでにエントランス空間には十分に色彩があるのでもはや要望する必要がないということなのでしょうか。その理由はともかくとして、全体的な傾向として言えそうなのは、昔に比べて今は、社外の人の目に触れる場よりも自らが働く場に優先的に色彩を取り入れたいと考える人が多くなっていることです。「身近なところにもっと色彩を!」これが今現在オフィスで働いている人の声なのです。

## 薔薇色のオフィス

この調査でわかったことがもうひとつあります。それは、企業の個性を表現する個性的なオフィスを求めている人が現在75%もいるということでした。反対に言えば、今働いているオフィス空間は個性的ではないのです。この要求を満たす方向にこれからのオフィスは向かわなければなりません。テレワークや副業が当たり前になりオフィスで働く時間が短くなったとき、企業に対する働き手の帰属意識はどんどんと薄らいでいくことでしょう。社員の心がバラバラに離れてしまうのを食い止めるために、オフィス空間はこれまで以上に企業らしさを表現するものであらねばならないのです。

さらに、はやりのダイバーシティの観点からは、自席まわりや利用しているスペースを「自分らしく」設えられると良さそうですし、年がら年中同じ色彩ではなく季節を感じられるようにできたら素敵ですよね。

二日酔いの朝、少しのんびりしたいなら優しい色使いの空間に、逆に気合を入れたい場合には元気の出る刺激的な色彩環境で働くことができたらどんなにいいでしょう。いずれにしても、オフィス空間はもっと豊かで希望に満ち溢れた環境、幸せを感じさせるような場にしていくべきです。「薔薇色」のオフィス環境が当たり前になっていくことを望んでやみません。

**ばらいろ【薔薇色】**
①うすくれないの色。淡紅色。「頬を薔薇色に染める」
②希望・幸福などに満ちていることのたとえ。「薔薇色の人生」「薔薇色の前途」
『デジタル大辞林』(小学館)より

それにしても「薔薇色の人生」とは言いますが、「薔薇色の家庭生活」「薔薇色の在職期間」とはあまり言わないようです。その理由は、前者は薔薇色が当たり前だから(だと思いたい)。後者はそんなことありえないから、なのでしょうか……。もしそうだとしたら、働くことって寂しすぎます。もしそうだとしたら、働くことの意味をみんなで考えてみたほうがいいかもしれません。

# 第9話

# 「室内」から「地球」へ

## 言葉は世につれ、世は言葉につれ

言葉の意味は時代と共に変わっていくものですよね。今私たちが感謝の意を伝えるときに使う言葉はもちろん「ありがとう」です。でも平安時代には、存在するのが稀なことを意味していたということをご存知でしたか。いつごろから感謝の意味に変わったのでしょう。言葉の意味は、多くの人が新しい意味で使うようになり市民権を得た時点で確定するのですが、いったい何割くらいの人が支持するとその意味が認められるようになるのでしょう。現時点では間違って使われているけれどもう少し時が経つと意味が変わるかもしれない言葉には「さわり」「潮時」「煮詰まる」「割愛」などがあるようです。皆さんは正しく（?）使っていらっしゃいますか（自信のない方は今すぐ辞書を開きましょう）。ちなみに最近話題になっている「やばい」は、危険や悪いことが起こりそうな様子を意味する言葉ですが、文化庁の調査によるとすでに27％の人がとても素晴らしいという意味で使っているのだそうです。これもそのうちに意味が変わってしまうのでしょうか……。

今回は昔と今で意味が変わってきた言葉をテーマに話を進めてみようと思います。ここで取り上げる言葉は「環境」。オフィスをつくったり運営・管理していくときにとてもよく使われる言葉です。「環境」は、人間または生物を取り巻くまわりの状況のことを意味していて、その意味自体は変わってはいません。変わったのは環境の指す対象です。私たちを取り巻くものすべてが「環境」に含まれるので、当然いろいろな「環境」が存在することになります。ですからどの環境を対象にしているのかを宣言しなければ話が通じなくなってしまうのです。そこで私たちは「〇〇環境」と環境の前に対象物をつけて表現することになります。例えば「自然環境」「社会環境」「住環境」「開発環境」のように。

## オフィスの広さは七難隠す？
## オフィスの「室内」環境

今から40年ほど前、オフィスづくりの現場で「環境」といえばオフィスの室内環境のことを指していました。働く人たちが日ごろ直接的に影響を受ける光、音、熱、広さなどの環境要素がその対象です。以前このコラムで書いたように当時の日本のオフィスは、もともと十分な広さがないところにコンピュータがどんどんと導入され、働く環境は劣悪きわまるものでした。ですからこのオフィス環境問題は喫緊の課題として認識されていたのです。

その当時私はオフィスの改善提案をする仕事をしていました。現状のオフィス環境を調査して、悪いところを見つけ問題点を指摘し、その解決策を提案するというのがざっくりした業務フローです。オフィスの立ち入り調査時にはカメラを持っていき、悪い環境があれば動かぬ証拠として撮影するのです。天井の蛍光灯がコンピュータ画面に映り込んでいて仕事がしづらくなっていたらパチリ。物が立て込んでいて空気の流れが悪くなっているところには自衛策として扇風機を置くことがありますが、そうした状況があればすかさずパチリ。脚が入らないくらいに机の下に書類が積み重ねられるような環境があればまたパチリ。人のオフィスの粗さがしをして悪い環境を見つけると「よし、しめた！」。嬉々としてシャッターを切るイヤな奴でした。今思うと最低ですね……。

見た目で判断することも大切ですが、そこで働いている人たちが身のまわりの環境をどのように感じているかを知ることも重要です。そうした要求を受け1990年代にはオフィスのサプライヤーはこぞってオフィス環境を定性評価するためのアンケート調査を行い、環境上の問題点を明らかにしていたものです。公的な機関でも調査手法は開発され、建築研究所の「POEM－O」や日本ファシリティマネジメント協会（JFMA）の「JAST94」、ニューオフィス推進協会（NOPA）からも「改善効果測定技法」が発表され、ＰＯＥ（Post Occupancy Evaluation　居住後評価）という考え方が日本に定着したのはこの頃です。

当時の日本のオフィス環境は本当に劣悪で提案のしがいがあったことに間違いはありません。そんな中で、明るさと騒音のうるささ、暑い（寒い）といった働く上での環境問題と広さ（狭さ）感との関係性に明治大学の山田由紀子先生が着目されました。その研究結果をみて「なるほど」と唸った覚えがあります。先生の研究結果によると、オフィスの広さがひとりあたり７㎡を超えると、明るさやうるささ、暑さに対する不満が減少するというのです。人間は広い空間にいることによって他の環境要素の問題を感じにくくなる。まるで「色白は七難隠す」みたいなものです。人の感覚って面白いですね。世間には物理量つまり定量的なエビデンスを重視する人が大勢いらっしゃいます（大勢を占めていると言ってもいいかもしれません）が、この分野においては人の感じ方、定性的な評価がとても大事だと思った次第です。

## 「地球」環境がオフィスを変える

さて劣悪だったオフィス環境は次第に改善されていき、今ではかつてのように室内環境が問題視されるオフィスは少なくなったように思われます。オフィスの室内環境改善を希求する波が一段落した２０００年代、それに代わってスポットライトが当てられたのが地球環境問題でした。１９９７年に行われた気候変動枠組条約第３回締結国会議（ＣＯＰ３）であの京都議定書が発効され、世の中的に「環境」といえば地球環境を指すようになっていったのです。オフィスづくりの現場にもこの流れは押し寄せ、地球環境を保全するためにオフィスづくりですべきことは何かが問われるようになっていきます。対象とする環境は室内から一気に「地球」へと膨らんだのです。

ＣＯＰ３は地球温暖化を食い止めるために温室効果ガス排出規制に関して国際的な合意形成を得ることを目的としたものです。これを受けて、温室効果ガスの発生をいかに減らして温暖化防止に貢献するかを官民がこぞって知恵を出し合うことになります。政府主導の施策としては「クールビズ」がありますね。夏場、軽装で働くことで室内の空調（冷房）温度を高めにして省エネを図ろうとするものです。言うまでもなく、省エネが目的であって、「ネクタイを外してもいい」キャンペーンではありません。最近どうも目的が違う方向にいっているような気がしてなりませんが……。

オフィスにおいて一番わかりやすい対策は何と言っても省エネ対策です。もちろん国全体の消費電力を考えると、製造現場や物流で消費されるエネルギーに比べてオフィスで使われる電気量などは圧倒的に少ないことはわかっていますが、何か少しでも貢献したいという意識からか（はたまた少しでも電気代を安くするためか）、オフィスでも省エネ対策を積極的に取り入れる企業が増えていきました。この潮流の中で起きた東日本大震災後の電力不足なども、不幸なことではありますが、省エネブームを後押しすることになりました。

オフィスづくりで提案される具体的な省エネ対策としては、照明の分野では、天井照明をLED照明に切り替える、タスク&アンビエント照明で部屋全体の照度を落とした上で必要に応じて机上面だけを手元照明で照らす、反射板や光ダクトなどによる自然光利用などがあげられます。空調の分野では、窓開け（高層ビルにおいても）による自然換気、空調運転と自然換気のバランス制御、実現例はまだ少ないものの全体空調と個別単位の空調を組み合わせたタスク&アンビエント空調などがあります。

また、CSR的な観点から企業やオフィスビル、オフィス空間として地球環境に配慮していることを証明する制度も確立され、その認証を取得する動きも2000年前後から活発になっていきました。企業の活動を対象とする認定制度としてはISO14001シリーズがありますし、建築や空間の環境保全対策に向けては、米国のLEEDや英国のBREEAM、日本ではCASBEEがあります。これらの認証取得が顧客の獲得や人材確保に有効であったことからも取得件数は世界的に伸びていくことになります。

2015年に採択されたパリ協定（COP21）では、産業革命からの世界の平均気温上昇を2度未満に抑え、1・5度未満を努力目標とすることが掲げられました。温室効果ガスの二大排出国である中国と米国がこれを批准したことが大きな話題となりました（その後米国では協定から離脱する動きがあるのはご承知のとおりです）。

オフィスの中で使われる電力など微々たるものですが、私たち一人ひとりが身のまわりでできることをする、という意識を持つことが大事なのです。

使い終わったら、会議室の電気を必ず消しましょう！

## 「室内」環境は「地球」環境に通じる

将来ＣＡＤやＢＥＭＳ（Building Energy Management System）が発展し、機器や建材、家具などそこに配置されるもののデータベースが完備された暁には、オフィスを計画する段階で××部長席の××月××日××時の照度は××lxで、温度は××度でとても快適、なんてことがわかるようになるかもしれません。ローパーティションで仕切られた打ち合わせコーナーに周囲から伝わってくる騒音レベルは××dBであることを知った上でレイアウトプランを行うことが可能になるかもしれません。また、そのオフィスを構成しているすべての材料のカーボンフットプリントからLCCO$_2$（Life Cycle CO$_2$　生涯二酸化炭素排出量）の総和が簡単に算出され、その数値がプランの良し悪しを評価する際の評価項目になる時代が来るかもしれません。

　あまりに行きすぎた管理はかえって息苦しい思いをさせるだけで、そこで働く人を幸せにすることはないかもしれませんが、こうして「環境」のことを改めて考えてみると、私たちの身近にある「室内」環境と「地球」全体の環境とはつながっていることに気づかされます。両者にある問題をうまく紐づけて解いていく努力をこれからは（これからも）していかなければなら

ないのでしょう。

## 人と環境、環境と人

最後に「環境」と人間の関わりについて考えてこの話を終えようと思います。私たちの身体のまわりにあるもの、それが環境です。私たちは良くも悪くも環境から影響を受けながら活動していて、両者の間には図aのような「朱に交われば赤くなる」的な関係性があります。オフィスの室内環境が悪ければ私たちの労働生産性はダウンし、環境が良ければ仕事がはかどることになります。一方で地球環境との関係性は図bのように表せます。今度は逆に私たちの活動が地球環境に影響を及ぼすことになります。温暖化や資源の枯渇などの問題は人類が引き起こしたものですから、これまでのところは私たちは地球に悪い影響を与え続けてきたのです。

## 環境と人間の相互作用

環境と人間は、良くも悪くも相互に影響を及ぼし合いながら
共存している。（a）のように環境先行型で人間の生産性を
コントロールするだけでなく、（b）のように人間が
環境に良い影響を与えるモデルも考えていきたい。

a

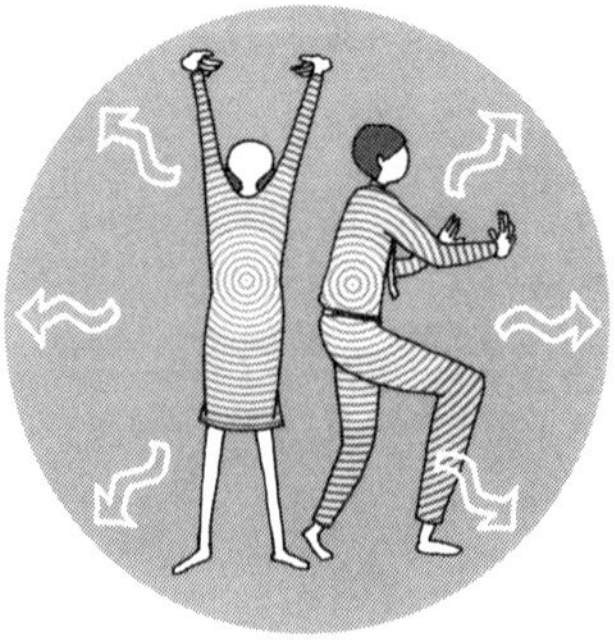

b ★

本来、環境と人間はこのように相互に影響を及ぼし合う関係にあるのですが、私たちが働いているオフィスでは図aの方ばかりを意識してきたように思われます。もっと図bのようにできないものでしょうか。働く人たちがオフィスの室内環境に影響を及ぼすことを、それも良い方向に環境を変えていくことを考えてみる必要があると私は思います。建築家の多木浩二は著書『生きられた家』の中で、良い家とは居住した人間の経験が織り込まれた時空間だと述べています。それこそが人に生きられた良い家、良い建築なのだと……。

仕事をした私たちの足跡（フットプリント）をそこに残しましょう。私たちの証しを前向きに残すことのできるオフィスこそが「働かれたオフィス」と言える良いオフィスです。人間と環境の良い関係がこれから永く続いていくことを願ってやまない今日この頃なのであります。

## 第10話

# 「机上」から「屋上」へ

## タバコ難民の誕生

はじめに宣言しておきますが、私は喫煙者です。それも調子のいい日なら30本くらいは軽く吸ってしまうヘビースモーカーです。そんなタバコを片時も離せない私の机から灰皿が消えたのはいつだったろう……。90年代の後半だったのは間違いありませんが、はっきりとしません。自分にとっては死活問題だったのになぜか定かではないんです。ショックで当時の記憶がごっそり飛んでしまったのかもしれません。

ともかく私がそのとき働いていたオフィスでは、その日を境にデスクスペースでの喫煙は禁じられたのでした。そしてその日を境に私は「タバコ難民」あるいは「タバコ放浪者」となり、私の知的生産性は急降下していったのです。もともとさして高いレベルにあったわけではありませんがそれでも、私の活性度は低下の一途をたどることになったのです（すべてはもちろん本人の感想です）。今回は、いまや世の中の憎まれっ子になってしまったタバコまわりの話をさせてもらおうと思います。愛煙家の皆さんはもちろんですが、嫌煙家の皆さまも嫌がらずに最後までお付き合いくださるようお願いします。

## 灰皿ははるか遠くになりにけり

最新の調査（日本たばこ産業「2016年全国たばこ喫煙者率調査」）によると、日本人の喫煙率は19・3％、男性が29・7％で女性は9・7％となっています。ちなみに男性の喫煙率が30％を切ったのは史上初だそうです。喫煙者人口は男女合わせて2027万人で、前の年から57万人も減っています。喫煙者は絶滅危惧種の仲間入り寸前なのであります（だから保護して！とは言いません）。本当にどうでもいい情報かもしれませんが、ＯＥＣＤ加盟国の中で喫煙率がトップなのはギリシャ。喫煙率は38・9％と日本の倍（あぁ、私はギリシャで老後を過ごそうかしら……）。

１９９６年に制定された「喫煙対策のためのガイドライン」や２００３年に施行された「健康増進法」によって、公共の建築物や乗り物、飲食店、そしてオフィスにおいても受動喫煙を防止するための対策を講ずる動きが加速していきます。こうした一連の法等の整備の流れの中で、それまであいまいだった受動喫煙の被害の責任は、タバコを吸う人だけではなく、その場所を管理する事業者にも課せられるようになっていき、２０１５年に改訂された「労働安全衛生法」で、すべての事業者が実情に応じて適切な受動喫煙防止措置をとるよう努力することが義務化されました。そしてオリンピックに向けて、現在国会で受動喫煙対策法を強化する法案が審議されているのはご存知のとおりです。

オフィスの中の喫煙場所は、机の上からフロアの片隅や廊下へ出され、天井まで仕切られた部屋に移され、ついには建物の裏口や屋上へと移動していきます。これに伴い喫煙者もタバコを吸うときには移動を余儀なくされることになり、敷地内を全面禁煙としている施設を利用する喫煙者などは街中にある公共の喫煙所まで大遠征しなければならない状況になっています。受動喫煙防止は着実に進行していて喜ばしい限りです（喫煙者の恨み節っぽく聞こえるかもしれませんが、それは気のせいですよ）。

## 灰皿あるところに会話あり

話は変わりますが、オフィスにある喫煙所ではコミュニケーションが活発に行われている、ということを皆さんは耳にしたことがあるのではないでしょうか。「我が社では喫煙所で議論が起こり、そこで意思決定までされている」なんていう苦情？もよく聞く話です。コミュニケーションをとることの重要性が叫ばれている昨今、良くも悪くもコミュニケーションが活発に行われているらしい喫煙所をオフィスの中から排除してしまってもいいのでしょうか。まずはこの議論の出発点である喫煙所＝コミュニケーションの場が本当なのかを見てみたいと思います。

熾烈な企業間競争が繰り広げられている今、企業には迅速な知識創造が求められています。そんな中で知的生産性に影響を及ぼす要因のひとつとしてよく取り上げられるのがインフォーマルコミュニケーションでしょう。予期せぬ会話から新たなつながりができたり、アイデアのたねを見出すことができる、というのは今や定説となっているようです。そしてこのインフォーマルコミュニケーションを引き起こすことに喫煙所とそこに併設されているリフレッシュエリア（禁煙）が一役買っているということを検証した研究があるので紹介してみましょう。

日本オフィス学会誌第6巻第2号に掲載された技術報告「分煙環境におけるコミュニケーションおよび空間利用状況」がその研究で、これに携わったのは松岡利昌特任准教授（名古屋大学大学院環境学研究科・当時）を中心とするメンバーです。対象となったオフィスは２１００㎡に１４５名が入居していて、フロアの中央に喫煙室とリフレッシュエリアが併設されています。この報告では、ワーカーが気分転換をするために足を運ぶそれらの空間で、どのようなコミュニケーションが発生しているのかを記録し分析した結果が発表されています。彼らが検証した結果見えてきた分煙環境の効果は以下のようなことです（詳しい内容を知りたい方はぜひ日本オフィス学会誌をご覧ください）。

―**分煙環境の効果**―

・喫煙室とリフレッシュエリアには異なる属性のワーカーを集める効果がある。
・リフレッシュエリアでは喫煙者がコミュニケーションの中心となっている。
・オフィス全体を見るとコミュニケーションの中心となっているのは役職者である。

・しかしリフレッシュエリアでは、役職者ではない喫煙者が役職や部署の垣根を越えてコミュニケーションをとっていて、人的ネットワークの中心的役割を担っている。

この結果を見ると、オフィスの中に喫煙環境を設けることには利点があるように思えます。もちろんこの一例だけで、インフォーマルコミュニケーションを誘発することに分煙環境（喫煙所を内包したオフィス）が有効だと結論づけられたと主張するつもりはありません。ましてや喫煙者の存在を肯定的にとらえるつもりなんてさらさらありません。それでもこの研究報告は、オフィスにおける喫煙環境がワーカーのコミュニケーションあるいは人的ネットワークの形成にプラスの影響を与えることを十分に示唆するものになっています。一研究者としても一喫煙者としても、もっと多くの検証データが集まり、喫煙環境がある場合とない場合との違いなどについても議論できるようになることを願ってやみません。

## タバコに代わる出会い系ツール

確かにオフィス内の喫煙所は知的生産性向上に合う意味で有効なのかもしれません。しかし時代の流れには抗えません。前半で書いたように喫煙環境はデスクから離れ、オフィスからも追いやられていく身。タバコに代わってインフォーマルコミュニケーションを生み出していくツールを私たちは真剣に考えなければならない段階に来ているのではないでしょうか。考えてみるとタバコって、ひとりのときは気分転換するためのツールであり、仲間との会話を促進してくれる（時に喫煙者にとって優れた）ツールでもあります。

まずはひとりの気分転換の方から考えてみましょう。すぐに思いつくのは「立ち仕事」。仕事に行き詰まったときには姿勢を変えるのが一番です。私たちは気づかぬうちにこれをやっているんです。足を組みなおしたり、椅子の背もたれに身体をあずけて腕組みをしてみたり……。そうした無意識に行う姿勢の変化に対して、立ち上がることは、はっきりと意識しながら行うことですし、立つことによって視界が大きく変わるので気分転換に対して大きな効果を期待することができます。なので「立ち仕事」に対応できる机さえあれば（タバコを吸いに行かなくても）ひとりの気分転換はできそうです。

次は仲間とのコミュニケーションの問題です。健康増進法が施行された頃から、「タバコに代わるコミュニケーション促進ツールって何かないの？」と多くの人から訊かれてきました。そのたびに「それはタバコを吸わない人が考えればいいじゃない」と答えてきた私。もちろん考えるのが面倒くさいからそんな返答をしてきたわけではなくて、うまい答えを思いつかないから逃げてきたのが真相です。オフィスの中で不特定多数の人を集め会話を引き起こさせるようなツールってどんなものでしょう。例えば、ライバル企業の新製品が置かれていたらそこには人が集まるよう

## ブラブラ歩きで広がるコミュニケーション

ブラブラ歩きのような、一見さぼっているように見える働き方が
許容されるオフィスであれば、部署や役職を越えた
コミュニケーションの促進が期待できる。

★

に思えます。実際の「ブツ」を手にすることは、ネットでは得られない情報を取得できるので大きな集客力を持っているに違いありません。ライバルの新製品に限らず、みんなにとってすごく関心のある物理的なものであればなんでもいいわけで、それが置いてあれば人が集まりそこに会話が発生する。タバコの代わりになるツールはこれでいいのじゃないか、とついつい考えてしまいます。ですがこれを実際に運用するのはけっこう大変。置かれた「ブツ」には賞味期限があります。おそらく1週間もすれば情報の鮮度は落ち、誰からも見向きもされない存在になってしまいます。ということは、頻繁に「ブツ」を入れ替えることを誰かがやらなければ、コミュニケーションを持続的に促進していくことはできないということになります。人が介在しなければならないということはコストがかかるので、現実にやっていくのは簡単ではありません。やっぱりタバコに代わるツールってなかなか見つかりません。どうせ人手がかかるのなら、いっそその人がいつもそこにいて、その人の魅力でみんなを引き寄せる方がいいかもしれません。気さくなマスターのいるカフェに常連客がつくように。

実はひとりの気分転換問題と仲間とのコミュニケーション問題をいっぺんに解決する妙案があるんです。それは仕事中に自由に席を立ってオフィスの中をブラブラすること。少しの間仕事を忘れて、歩いている途中で声をかけたりかけられたり。こんな一見さぼっているように見える働き方が許容されるオフィスであれば、喫煙環境にコミュニケーションの促進を期待する必要なんてないのです。今世間では長時間労働を防ぐための「働き方改革」が盛んに議論されています。それはそれでもちろん重要なことですが、ブラブラ歩きを奨励することも働き方改革の大事なひとつだと皆さんは思いませんか。

## 進め！ 愚かな喫煙者ども

最後にタバコがないと仕事に集中できない人の逸話をひとつ。

劇作家の井上ひさしさんが若い頃（おそらく昭和30年代）の話です。井上さんは原稿を書くとき常に左手にタバコを挟んでいないと仕事にならないほどの超ヘビースモーカーでした。日頃から人がすっかり寝静まった深夜に執筆を始めることにしていた井上さん、ある夜あろうことかマッチを切らしていることに気づきます。タバコが吸えないと原稿が書けない。でも締め切りがあるから書かないわけにいかない。今ならコンビニに行けば済む話ですが、当時はそんな時間に開いている店なんてありません。深夜だから人を起こして火を借りるわけにもいかない。困った井上さんはさんざん考えた末に交番でお巡りさんが寝ずの番をしていることに思い至ります。でも井上さんはお巡りさんが怖くて苦手。交番の近くまで行ったものの暗がりでしばし逡巡してしまいます。それでもお巡りさん自身が一服つけるタイミングを見計らって火を借りることにどうにか成功します。部屋に戻った井上さんは、これでようやく執筆することができると一安心。ところが原稿を書き始めてみると今度はタバコの火のことが気になってしかたない。なにせ今ついているタバコの火を絶やしてしまったら終わりです。苦労して手に入れた大切な火種をけっして絶やさぬよう、井上さんは夜が明けるまでタバコの火を次のタバコに移す作業（つまりはチェーンスモーキング）を延々と続けることになってしまいました。そのことに専念していたためにとうとう原稿はまったく書けませんでしたとさ。

私もタバコとライターをちゃんと携帯しているのかを頻繁に確認し、どちらかがないとなると軽いパニックに陥ります、ですから、井上さんの気持ちはよ〜くわかります。いやぁ、喫煙者って本当に愚かです。困ったものですね。

そんな話はともかく、2020年のオリンピック・パラリンピックに向けて喫煙者に対する風当たりはかつてないほど厳しいものになっています。そんな逆風をまともに受けながら、愛煙家たちは今日も喫煙所を目指して歩を進める。至福の一服のために、絡み合った思考の糸をほぐすために、仲間と「ここだけの話」をするために、わずかに残っている罪の意識に煤けた胸を痛めながら……。

# 第11話

# 「キーホルダー」から「カードホルダー」へ

## 昔〝ジャラジャラ〟、今〝ピッピ〟

以前私たちは、家の鍵と一緒に事務所の鍵や机、キャビネットの鍵をキーホルダーに束ねて持ち歩いていました。それが今では様変わり。事務所の出入り口は電子錠になりICカードで開錠・施錠するようになっていますし、キャビネットも〝ピッピッ〟で開け閉めしている人が増えてきています。かつては観光地のお土産の定番だったキーホルダー（人からもらっても嬉しがる人はあまりいないように思うけど、いまだにお土産として存在しているのが不思議です）。対してカードホルダーは、私が知らないだけかもしれませんが、土産屋にあまりないような……。でも日常的には、キーホルダーはカードホルダーに役目を引き継いでいる感があります。今では駅でも会社でもコンビニでも、そこらじゅうで〝ピピッ〟。時代は変わるものですね。

私の自宅は従来の鍵なのでキーホルダーを持っていますが（それでも改めて考えると束ねている鍵の数はずいぶんと少なくなっています）、皆さんの中にはすでにキーホルダーを使っていない人がおられるかもしれませんね……。

さて今回は、変わってきた鍵の話を膨らませて、オフィスにおけるセキュリティ対策・安全対策について話をしてみます。企業が継続的に発展していくためには、事業を遂行するのに必要な経営資産をしっかりと保有し、この資産をさまざまなリスクから守る必要があります。企業が保護すべき資産といえば、「ヒト・モノ・カネ・情報」。この中で最も重要なのは、もちろん「ヒト」ですよね。そこでまず「ヒト」の話を始めたいと思います。

## 人命を守れ！

オフィスでヒトに危害を加える最大のリスクは地震です。昔から怖いものは「地震・雷・火事・オヤジ」と相場が決まっていますが、オフィスで働く人にとって落雷の心配はほぼないし、オヤジはもはやそんなに怖い存在ではない。火事は可能性はありますが、一般的なオフィスでは火を使わないので出火原因そのものがありません。結局一番怖いのは地震です。

地震国である日本は、建築物を地震から守るために多くの基準をつくり法律で規定してきた歴史を持っています。大きな地震があって甚大な被害が出ると法整備が進む。いつも後追いではありますが、そのつど対策が講じられてきたのです。例えば、関東大震災の翌年に初めて耐震規定というものが法律に書き込まれましたし、福井地震の被害を経験して1950年に現在の建築基準法が公布されています。1978年の宮城県沖地震のときには耐震基準が見直され、1995年の阪神・淡路大震災をきっかけに耐震改修の促進が図られるようになりました。我が国の地震対策は、大きな地震が起き不幸にして発生してしまった被害から学ぶことで少しずつ強化されてきたのです。

そして、記憶に新しい東日本大震災で私たちが体験したリスクのひとつが長周期地震動でした。これまでは直下型の地震がもたらす被害を中心に対策が講じられてきたのですが、今回の地震で高層階にあるオフィスで働く人たちが怖い思いをしたのは、長周期地震動による物品の移動がもたらす危害でした。特に重量がありキャスターのついている物品（コピー機や大型のシュレッダー、種類の詰まった移動式のワゴンなど）は横滑りすると凶器になりかねません。地震が起きたら机の下に逃げ込めと私たちは子供の頃から教わってきましたが、その机自体が移動してしまう可能性があるのです。また、机の上で使っていたノートパソコンが飛んでくる恐れだってあります。オフィス内の地震対策は法律によって規定されてはいませんが、各自治体などがリスク軽減対策をまとめて公開していますので、それを見て日頃から地震に備えておくことが望まれます。

これは東日本大震災の後で外資系某証券会社の方から聞いた話ですが、地震直後の停電でライバル会社のサーバーはダウンして業務が数日ストップしたのに、自社では停電対策として用意していた自家発電機が役立って操業し続けることができた。その間の売上額（利益だったかもしれない）の差は数十億円だった、というのです。地震への備えはまったくもって欠かせませんね。

と思わず勢いで書いてしまいましたが、これは人命を守る話ではなくて、次に触れるつもりだった「モノ・カネ・情報」の話でした。それではそちらの話題に移りたいと思います。

## モノ、カネ、そして情報を守れ！

生産現場と違ってオフィスに配備されている「モノ」の中でそんなに重要なものなんてほとんどないのではないでしょうか。それこそ地震が起きて何が何でも持ち出さなければならない「モノ」はそうそうないでしょう。また、「カネ」も昨今では大金を身近に置いておくことが昔に比べれば減っているように思われます。ということで、「モノ・カネ・情報」と言っても、この中で真剣に守らなければならないのは「情報」ということになりそうです。情報の価値は改めて言うまでもなく、どんどん高まっています。特に勢いを増しているＩＴ業界やソフトウェア産業などでは、情報が商品そのものなのです。これを守らずして何を守るのかというところでしょう。

ＩＴ化の進展は、大きな恩恵を人々にもたらしましたが、その一方で不正アクセスや情報漏えいなど情報資産を脅かす負の要素ももたらしています。そうした中、２００２年からＩＳＭＳ（情報セキュリティマネジメントシステム）の本格運用が開始されました。企業が情報を適切に管理し、確保・維持できているかを外部に示すことが事業の運営に影響を及ぼすようになっていったのです。２００６年にＮＯＰＡが始めた「オフィスセキュリティマーク認定制度」は、オフィス内の経営資産が適切に保護されている組織を認証する制度ですが、対象とする資産である「ヒト・モノ・カネ・情報」の中で最も重きを置いているのが「情報」であるのは、こうした背景があるからだと思われます。

この制度の中でＮＯＰＡは、オフィスという空間の中にある情報資産を物理的に保護するのに有効で実効性の高い対策を示してしています。その手順は、まず保有している情報の棚卸しをして重要度別に分類する。一方でオフィス空間の中をセキュリティの厳重さ別にゾーン分けをする。そして、資産を重要度に応じて適したセ

## 「ヒト・モノ・カネ・情報」の安全を守る

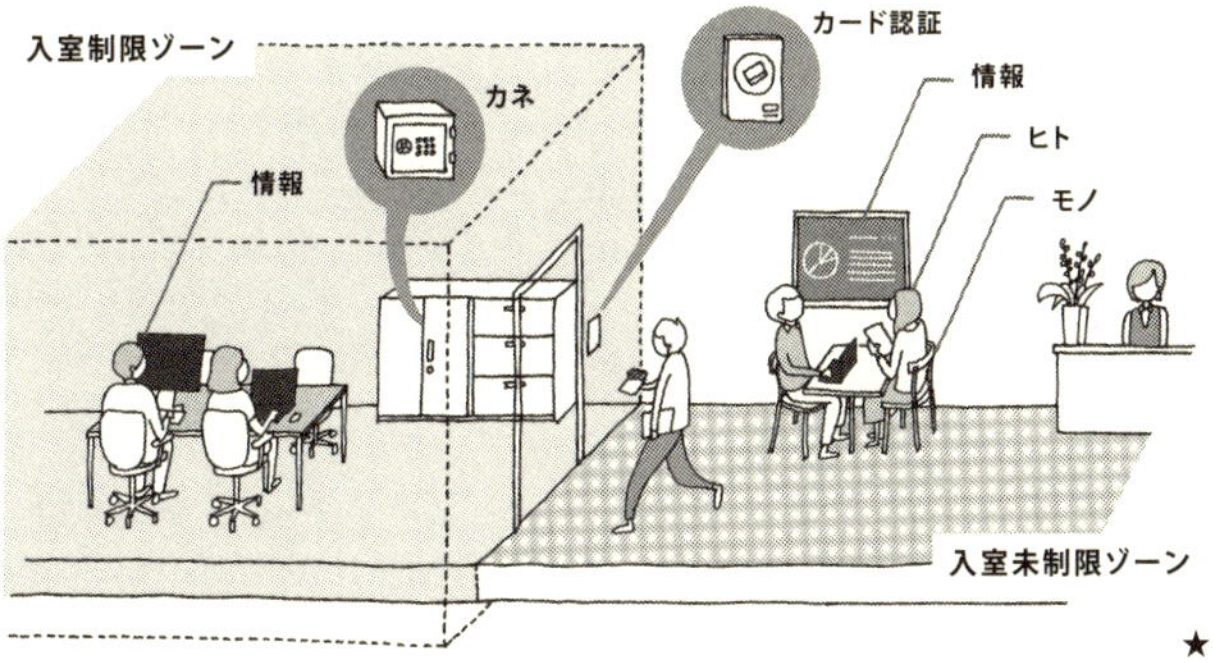


★

キュリティレベルの空間に配置して管理する、というものです。情報へのアクセス管理と空間への入退室管理をリンクさせてセキュリティを確保することになるわけです。

かつてはオフィス内、それも机のあるところにまで業者を入れている企業がけっこうありました。いろいろな部署をまわって注文をとっていく業者は、行く先々でその企業の社内情報を集め、それを別の部署に行って外部情報と併せて話してまわる。このことによってその企業は、生きた情報を共有することができていた。こんな話が昔はよくあったように思えます。ちなみにぐるぐるまわってくる業者は「情報トンビ」と呼ばれていたように記憶しています。

ところが今では、空間への入室制限を厳しく行う企業が増えています。そこに保管されている情報（この場合は情報に関わっているヒトも含めて）にアクセスする資格を持たない人は、社外の人間は言うまでもありませんが、同じ会社の人間であっても中に入れないようにしているオフィスをよく見かけるようになりました。情報セキュリティは確保できていて良いのですが、これを過度にやりすぎると情報の流れを損なうことになり、事業が円滑に進まない事態に陥る恐れがあります。〝なにごとも過ぎたるは及ばざるが如し〟ですね。

## 安全≠安心？

オフィスビルのセキュリティゲートで〝ピピッ〟、オフィスの入り口で〝ピピッ〟、他の部局を訪れて〝ピピッ〟。駅やバス、タクシーでも、コンビニでも〝ピピッ〟。私たちは一日に何回〝ピピッ〟ってしているのでしょう。そのうちに我が家から徒歩1分のところにある銭湯も〝ピピッ〟になるかもしれません。そうなると番台のおばさんは職を失うのかしら……。ICカードによる本人認証はいつまで存続するのだろう。〝ピピッ〟が嫌なわけでもありませんが、将来的にはいちいちカードをかざすことなく、もっとスマートにできるようになるに違いありません。

今外部の方を自分のオフィスに招くと、その方はカードを持っていないので、ビルへの入館やオフィスに入るときにかなり手を煩わせることになります。事前に発行した暗証番号を入力させたり、入館証の発行を頼まなければならなかったり、と招いた方にそんな手間をかけさせるのは考えてみれば失敬な話です。きっと数年後には、顔認証システムが街のどこに行っても完備されていて、招いた人は何もしなくても中に入ることができ、招かざる人は入り口でシャットアウトされるようになるのでしょう。国民全員の顔写真と個人番号が登録されていて、本人かどうか

が判別されるのです。良い人はフリーパスだけど、悪い人はけっして中に入れない。とても便利で安全な時代が到来するのです。

前半の地震の話に戻りますが、私が倒壊した建物の下に生き埋めになったとしても、本人の情報が今いるところも含めてきっちり管理されている世の中になれば、グーグルマップを開くだけで、生き埋め現場におなじみの位置情報マークが表示されるようになるのでしょう。とても便利で安全な時代が到来するのです。

だけどそのときには、一人ひとりが常に社会から監視され管理されていることになるわけです。それってすごく窮屈だし、居心地が悪い。頭では安全だとわかっていても、どこか別の意味で安心できないようにも思えます。情報セキュリティを守るためには、相手のことを多少疑ってかかる気持ちを持つ必要があったり、自分も疑いの目を向けられているということを容認しなければならないとか、越えなければならない難しい問題がありますね。

## 守るべきは人、それを守るのも人

私の住まいは都内の下町にあります。狭い路地に面して小さな木造家屋がひしめき合って立っているようなところです。古い街なのでご多分に漏れず高齢化が進んでいて、朝も昼も夕方も夜になっても、町内のおっちゃん、おばちゃんが道をブラブラしていたり、井戸端会議をしています（ちなみにこの井戸端会議を介して伝わる情報の伝達スピードは光通信並みの速さです）。つまり住民の誰かが常に外にいてパトロールしている状況ができているのです。そして、おっちゃん、おばちゃんはその界隈の住人のことを個人情報に至るまで把握しているので、歩いている人が町の住人なのか、よそ者なのかを瞬時に判断することも可能。怪しげな輩が出没しようものなら、その情報は人的光通信網で町内中に行き渡り、みんなで警戒態勢に入れるのです。これぞ我が下町が誇る鉄のゾーンディフェンスなのであります。

何が言いたかったのかというと、守るべきヒトもモノもカネも情報も、結局は人が守るのが一番だということです。機械やシステムに任せておけばいいんだという安易な考えを持ってしまうところにこそリスクって奴は潜んでいる、ということを私たちは忘れてはならないのではないでしょうか。すべての安全・安心は、人間同士の信頼関係のもとでしか成り立たないのだ、と考えてしまうのです。

# 第12話

# 「ブラック」から「ホワイト」へ

# ブラック企業

♪黄色と黒は勇気のしるし、24時間戦えますか♪　皆さんご存知の栄養ドリンクのＣＭソングがテレビで流れていたのは１９８９年頃のこと。当時は24時間バリバリ働くことが当たり前。モーレツに働く企業戦士を世の中あげて賞賛していた時代が我が国にはあったのです。ところが今では、働きすぎ・働かせすぎはご法度。いやはやたったの30年で世の中変われば変わるものです。

今政府主導で働き方改革が推し進められています。過労死の問題はどうしても解決しなければならないことですから、改革の議論が長時間労働の抑制に向かうのは致し方ありません。ですが、ひとりあたりの労働生産性が低い日本にとって、労働時間の適正化だけで改革を終わらせてはなりません。他にも改革すべきことがあるように思えるのです。改革を国まかせにしてはいけませんし、勤めている企業に委ねてもいけません。すべての働く人に関わることなのですから、一人ひとりが「はたらく」ことを考えていかなければなりません。というわけで今回のテーマは「働き方」。将来の自分の働き方はどうなるのか、そうしたいのかを考えるきっかけになれば幸いです。

でも「働き方」って何でしょう。さらにもっとそもそもの疑問になりますが、働いて成し遂げられる「仕事」って何でしたっけ。改めて問われると答えに窮してしまいます。このあたりのことを考え、整理している組織があります。それは、日本オフィス学会のワークスタイル研究部会（部会長　妹尾大・東京工業大学教授）。彼らが２０１６年9月に開催された学会の大会で報告した「働き方」と「仕事」に関する考え方を紹介させてください。

## 時間と場所からの解放

　同研究部会では「働き方」を図のようにふたつの軸で分類しています。横軸は働く時間が決められているか否か、縦軸は働く場所が決められているか否かになっています。時間と場所いずれもが「固定」化されているのが従来ながらの働き方。毎朝全員が同じ時間までに同じ場所に出社して、一日そこで働き退社時刻になると帰宅する働き方です。これを〝労働〟と名づけています。場所は「固定」ですが、時間は「自由」なのは〝フレックス〟勤務。逆に時間は縛られているものの、働く場所に制限をもたせないやり方が〝ノマド〟ワークです。最後に、時間も場所も本人まかせ、結果さえきちんと残してくれればいい、という働き方が〝裁量〟労働ということになります。

〝フレックス〟は有効に活用されているとは言えないかもしれませんが、制度としてはすでに一部の企業で導入されています。また、職種は限定されているものの、どこで働いてもいい〝ノマド〟式の働き方を認められる人も増えてきています。時間も場所も限定された従前たる働き方は徐々に減っていき、「自由」の方向へとシフトしていきます。一度動き始めたこの解放路線の流れは止まることなく、むしろ加速していくことでしょう。私たちが行き着く先は、時間も場所も自由に設定できる〝裁量〟制かもしれません。これは自律性がなければやっていけない働き方。自分に甘い人は、自分を戒め、厳しく自己管理する習慣を今から身につける努力をしておきましょう。

さて、こんな具合で働き方が変わっていく中、行われる「仕事」はどうなるのでしょう。次はそちらに関する報告になります。

## 飯のタネはつくるもの

前述のワークスタイル研究部会では、「仕事」の定義を試みています。勤務時間が9時—5時に限定されず、オフィスに行くことなく働く、そんな働き方になるということは、働く人にとって仕事とその人自身の生活の時間と生活の場が大接近、あるいは融合してしまうことを意味します。ワークとライフはもはや別個に存在するのではなく、生活の中に仕事が組み込まれる図式になるはずです。個人が自らのために行っている活動はワークとライフの狭間に位置するようになる、というのが研究部会の主張で私もそのとおりだと思います。そうした活動の中には、将来的にその人の仕事になっていくものが存在する可能性があるのです。そうなると、これまで生活の中で行っていた収入とは無縁の活動が一転して「飯のタネ」になる可能性が

## 働き方の分類

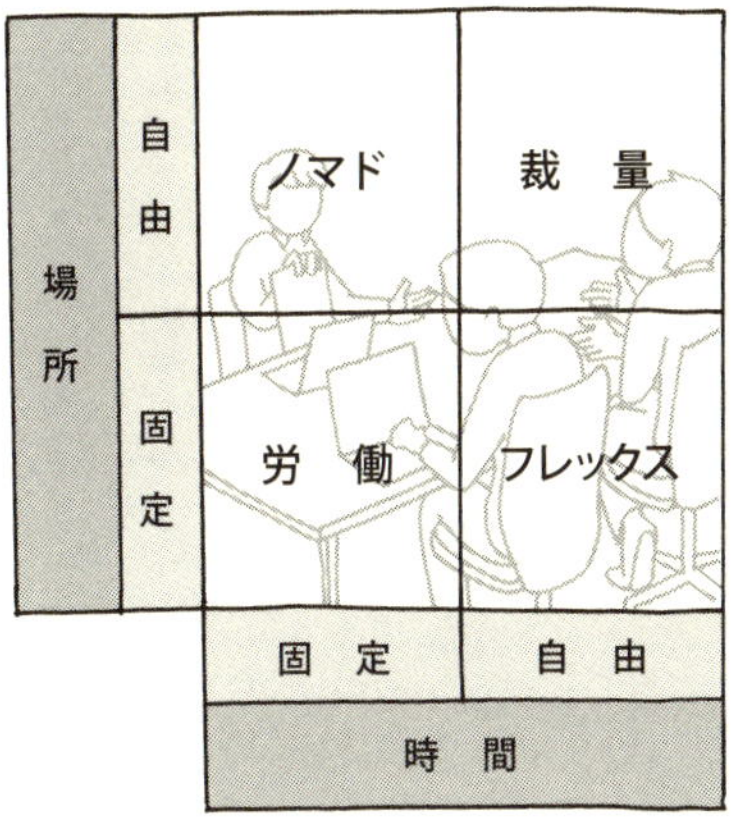


## 仕事の定義

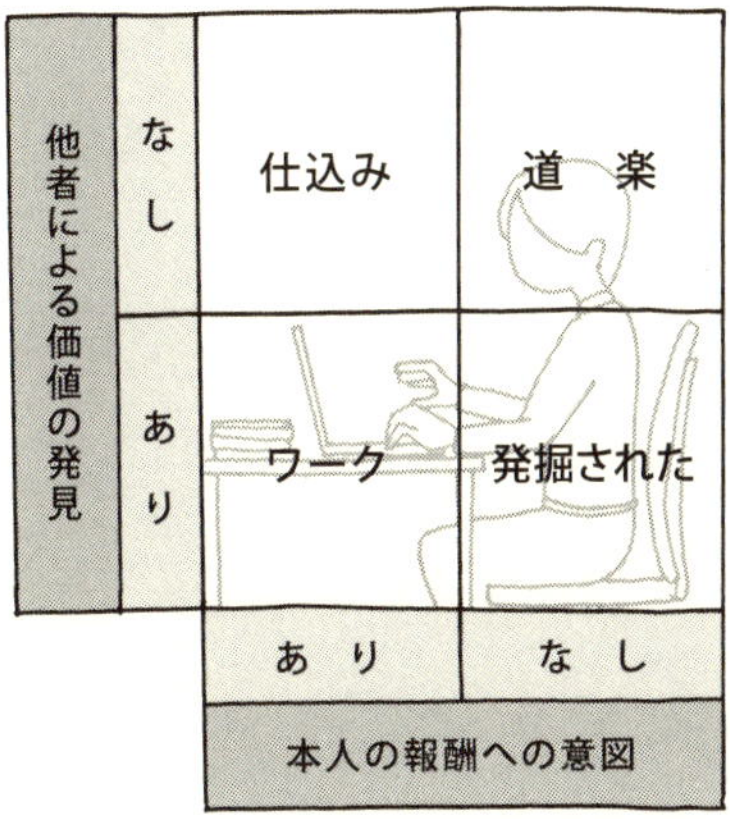


★

出てきます。同部会が考案した、これからの「仕事」の概念図をご覧ください。横軸は、その活動を行う人がそれによって報酬を得ようとする意図があるか否か。縦軸は、その活動に対して世の中が価値を認めるか否かになっています。報酬を得る意図があって世の中が価値を認める活動が従来の労働になり、これを〝ワーク〟と呼びます。意図はないが価値を認められた活動。例えば自分のために書き溜めていた書評がある日突然日の目を見て大ブレークするようなことを〝発掘された〟と呼んでいます。これは絶対に売れると本人は信じているけれどもまだ世の中的にはその価値が認識されないような活動を〝仕込み〟。最後に儲けるつもりはさらさらなく、価値もないと思われる活動を〝道楽〟としています。

近年のようにSNSなどで個人的な活動を世に知らしめることが容易になってくると、これまで仕事ではなかったものが〝ワーク〟として認められる機会は以前と比べて飛躍的に増えているのです。今趣味でやっていることを一度総点検してみてはいかがでしょう。ちょっとした工夫を加えたり、見方を変えてみるだけで金の卵に大変身するような活動があるかもしれません。〝道楽〟だってひょっとすると金になるかもしれません。だけど人に隠れてひとりで悦に入るのが道楽というものだとしたら、ここは〝ワーク〟に持って行ってはいけない聖域なのかもしれませんね。

## 真の働き方改革

働く人一人ひとりは、人生の目標も、家族構成や家庭の事情も、学んできた知識や技術もみな異なります。なのに働き方はきわめて限定的。多くの企業には育児や介護のための時短勤務制度などはあるものの、それに該当しない従業員のために用意されている働き方は単一であるところが圧倒的に多いのが現実です。考えてみればこれってとても不合理な話ですよね。管理する側の論理で続けられてきたルールだと言ってもよさそうです。これからの時代、働く時間と場所の自由度を本人のスタイルに合わせて選べるような労務制度づくりが求められることでしょう。また、一人ひとりの働き手が自ら新しい仕事をつくり出す、そんな活動（スカンクワークと呼ばれたりしています）を後押しするような制度も必要になっていきます。

仕事に対して「熱意」「没頭」「活力」の三つが揃って充実している心理状態のことをワーク・エンゲイジメントと呼びます。ところがこのワーク・エンゲイジメント、日本は諸外国に比べてきわめて低いと言われています。つまり、自分の仕事にやりがいを感じている人が少なく、やや極端な言い方をすれば、イヤイヤ働いている。生きていくためにしかたなく働いている。そんな人が多いのです。これってとても残念なことですよね。

ワーク・エンゲイジメントを高めるために強化したい取り組みは何かを調べてみたところ、第一位は「多様な働き方の容認」でした。また、自らのワーク・エンゲイジメントのために重要な要素は何かを訊いてみると、もっとも支持が多かったのは「仕事の内容」だったのです。

自分の行動を自分で自由に決めることができる状況にあるとき、人は幸福感を感じるのだそうです。いきいきと活力を持って働く組織をつくるためには、いろいろな働き方の選択肢の中から自分に合った働き方を自由に選べる制度と、働き手が自らの意思で飯のタネを蒔き育てていく土壌が欠かせない。こんな働き方を実現させるためには、一人ひとりの働き手ごとに、一つひとつの仕事ごとに、裁量権と責任の所在を再設定することが必要になります。これこそが真の働き方改革につながる施策だと思うのです。

## ホワイト企業

還暦をようやく超えた程度の私がこんなことを言うと、70、80を超えてなお意気軒高、バリバリ仕事をしていらっしゃる先輩がたから叱られるのを承知で告白します。今の私にとって一日の間でトップギアで仕事できる時間は、午前中の1時間、午後はせいぜい2時間程度。他の時間はセカンドギア（さすがに自分からローギアとは言いたくないので）で走行している程度。若い頃に比べると格段に能力（体力というべきか）は落ちていると自覚しています。持続力のないこんな私に適した働き方は、働く時間を小分けにする働き方かもしれません。朝飯前にまずひと働きして、午前中、昼から3時の休憩まで、夕方、夕食後と、働く時間帯を細かく分ける分散型勤務です。どのみち低い出力で走っている（さすがに自分からサボっているとは言いたくないので）のなら、その時間は勤務時間から外して燃料をチャージするのです。そして時間が来たらアクセルを踏み込んで全速力で走り出す。今の私にとってはこの働き方が私のパフォーマンスを最大限に引き出す働き方だと主張したいわけです。

身勝手な要求ではないことを確認した上で、働く人の特性に応じて仕事をさせる。これを奨励する企業こそが本当に真っ白な「ホワイト企業」ではないでしょうか……。

24時間戦える人は存分に働いてその対価を得ればいいし、一方で私のような働き方・生き方も認められてそれ相応の評価を得られる。みんな違ってみんないい、そんな世の中に遠くない将来なるはずです。

私たちは一生のうちどのくらい働いているのでしょう。大学を卒業して23歳から勤めに出て70歳まで（労働寿命が延びているから70歳までとしました）一日8時間年間200日働くとします。これを85歳まで生きたとして生涯の労働割合を求めたのが以下の式になります。答えはたったの10％。働いている割合って案外少ないものですね。

長い人生のたったの10％だからイヤイヤだけど我慢して働く。そんなことでいいのでしょうか。一生のことではなく、働いている期間のことだけで考えると一日の3分の1も働いているのですし、起きている時間の2分の1もの時間は働いているのですから、やっぱり誰もがエンゲイジメント高く働く方がいいにきまっています。喜びを感じながら働くことが望ましいのは言うまでもないことです。

国連が発表した2017年の世界幸福度ランキングで日本は51位。お世辞にも幸せを感じながら生きている国民だとは言えません。働く時間と場所を自由に選択でき、仕事そのものも自ら創り出すことができる、そんな働き方が実現できれば我が国の幸福度ランキングはもう少し上にあがることでしょう。

# おわりに

一般社団法人日本オフィス家具協会（ＪＯＩＦＡ）は、首都圏に勤めるオフィスワーカー約３０００名に対してオフィス環境のニーズに関するアンケート調査を実施しています。

現状のオフィスに対する満足度がどうかを見てみると、オフィス家具に満足している人はたったの14・５％しかおらず、オフィスの内装に対しては16・９％のワーカーしか満足していないことがわかりました。現状のオフィスに愛着を感じている人は、少し増えるものの（これはおそらく、家具や内装の評価だけでなく、人間関係など他のことも併せて評価したためだと思われます）それでも23・８％に留まっています。この結果は、オフィス環境を提供する立場に長らくあった私にとって、とても残念な結果だと言わざるを得ません。

しかし、同じ調査の別の設問群でオフィス環境に対する期待について訊いているのですが、こちらの結果は少し嬉しくなるものでした。オフィス環境の良し悪しが仕事の成果をあげることに貢献しているかを問うたところ、貢献していると思っている人は64・8％もいて、仕事に対するモチベーションに影響すると答えた人は71・4％もいたのです。

普段働いているときには、働く場のことなど頭にない人が多いのだけれど、家具や内装について訊かれて改めて考えてみたら、実は気に入っていなかったということに気づかされた。さらにそうした働く場が良くなれば、「私はもっと力を発揮できる」。だから「環境改善をして欲しい」という要望をアンケートへ回答することで暗に訴えた、というところでしょうか。

「茹でガエル」の例えのように、人間は一度環境に慣れ親しんでしまうと、その環境が徐々に悪化していてもそのことに気づくことができません。進歩する世の中からいつの間にか取り残されていても、そんなことはわからないものなのです。

本書では、働く「場」をいろいろな側面で切り取り、過去から現在、そして将来に向けてと話を展開させてきました。それぞれの話の中で、皆さんが今働いている「場」について考え直す気に少しでもなったのなら嬉しく思います。「明日からさっそく具体的な改善策を考えてみよう」なんてコブシを固めている方がいらっしゃるのならまさに望外の喜びです。

筆者が勤務する岡村製作所は、オフィス家具づくりを中心に、半世紀以上働く環境について考えてきました。そんなオカムラのメンバーを中心にして、私たちは「はたらく」を変えていく専門家集団WORK MILLを立ち上げました。私も所属しているこのWORK MILLでは「働く環境を変え、働き方を変え、生き方を変える」をモットーに、「はたらく」に関係するさまざまなノウハウを集め、いろいろな人たちの働く環境、働き方、生き方のヒントをつくっていく活動を現在進めているところです。そして本書は、そうした活動の一環として生まれたものになります。この原稿を書く直接的なきっかけをくれ、それぞれの話に対して適切なアドバイスをくれた

WORK MILLのメンバーの皆さんと、執筆に当たり数多くのデータや情報、それから知恵を貸してくれたオフィス研究所の皆さんに、心からの感謝の意を表して稿を閉じることにします。ありがとうございました。

２０１７年７月　都内某所某喫茶店にて

鯨井康志

本書は2016年7月から1年間、WORK MILL WEBマガジン（http://workmill.jp/）に掲載された『クジラの眼』に加筆修正を加えたものです。

また、★印のあるイラスト・図表はその中で掲載されたものを描き直したもので、これらの原案はイラストレーターの野中聡紀氏によるものです。

**鯨井康志**（くじらい　やすし）

大学で建築を専攻し、1980年株式会社岡村製作所に入社。

以降一貫して働く環境のあり方はいかにあるべきかを研究し、それを構築するための方法論やツールを開発する業務に従事。

オフィスというきわめて学際的な対象を扱うために、常に広範囲な知見を積極的に獲得するよう30年以上努めている。

主な著書は『オフィス事典』、『オフィス環境プランニング総覧』、『経営革新とオフィス環境』、『オフィス進化論』など。

**「はたらく」の未来予想図《みらいよそうず》**

2017年10月20日　第1版第1刷発行

著者　鯨井康志《くじらいやすし》
発行者　中村幸慈
発行所　株式会社　白揚社
〒101-0062　東京都千代田区神田駿河台1-7
電話　03-5281-9772
http://www.hakuyo-sha.co.jp
装幀・デザイン　株式会社トンプウ
（尾崎文彦・目黒一枝・島崎未知子）
イラスト　NAKANO KAORI
印刷・製本　中央精版印刷株式会社


ISBN978-4-8269-9059-2